# 決断の条件

会田雄次

新潮選書

# 目次

# 決断の条件

# 序論——意志決定と日本人——

私たちは、殆んど決断や選択という能力を持たないのではないかと思うほど「優柔不断」な国民である。実業界や政治界でのトップたちのいわゆる一世一代の決断とかいわれる話を調べてみても、そこに真の決断は殆んど見られない。ほとんど各種各様の自然的、社会的、政治的、経済的、社内的、党派的状況に押され、それに順応しただけに過ぎぬ場合が殆んどである。ときに決断らしい意志決定があっても、それは思いつきや便乗に近いものである。あるいは決断をなさしめた原動力が、真の決断の条件となる責任を伴う意志ではなく、苦しまぎれの自棄的な反撥とか、親や妻の愛情に励まされてとかいう情緒や感情にすぎないときが圧倒的に多い。真継伸彦氏はリンチを受けたあるセクトの青年が怨念に燃え、一人で自分にリンチを加えた他のセクトの集会に出かけて行き、そこでまた暴行を受けるのを見て、そこに「不退転の鉄の意志の権化」とやらを認めている（中央公論、七三年六月号「青年に与う」）。だが、こうなるとお岩の幽霊は不退転の鉄の意志行為のシンボルになろう。「鉄」も「不退転」もよいとして真継氏にして、この青年の何とも女性的な怨念による情緒行為を意志とその意志による決断行為と見るということは、日本人には決断が欠けるのみならず決断による行為というものの理解さえも存在しないということを証明する一事例であろう。

このように意志というものも判らず、本能も怨念も未練も執着も意志も区分できず、意志決定つまり真の決断ができないというのが日本人である。私たちが個人として独立性を持たず、孤独を極端におそれる反面、管理組織であれ同志的結合であれ、いかなる組織も集団徒党と化し、厚顔無恥、残虐の性格を露呈するのもこの基本性格の現われだといわなくてはならぬ。

こういう基本性格から、常に仲間を求め、一人のときは極度にシャイであり、流行に弱く、絶えず身体を動かしていないと不安という日本人特有の「症状」も説明されよう。

人間の集団性はその集団原理によって二つの種類にわけられる。一つは威厳に満ちたヨコにつながる集団性であり、例えば古代ギリシアや共和制ローマの一種の貴族制がその例だ。一方は、卑屈なタテ型、権威を持つリーダーを持つときは秩序と効率を誇るが、それを欠くときはモッブ化する集団性である。日本人の国民性には明らかに、後者の方の特性が強い。つまり背後に権威なり権力なりを感じるときは極度に傲慢でありながら、一たびその権威を失うととたんに群雀のごとく貧弱、卑屈になる。一匹狼たちの争闘の時代とされる戦国時代でさえ、権威が消失するとその部下どもは「前々は雀の上の鷹の如く、今はただ猫の下の鼠の如し」(『朝倉始末記』）となり、「土百姓」たちに苦もなくやられてしまう。つまり強きに弱く、弱きに強いのだ。

反面からいえば日本には真の貴族も貴族性も存在しない、あるのは奴隷と奴隷根性であり、日本人の権力は奴隷頭のものにすぎぬ。奴隷頭は本当の主体性も自己の意志も持てないのだから決断ができないのは当然ということにもなる。

そういう特性は要するに私たち日本人は島国根性の民族だということに尽きるのではないか。そのような指摘はすでに内外から数多くなされてきた。確かにその通りであろう。しかし、島国といってもいろいろある。日本人の特性というものをすべて島国性だけで一挙に説明することは到底無理だろう。例えば、同じ温帯の島国人といっても日本人とイギリス人とは極端なまでに異なった性格を持っているのである。ただ、この場合、この島国に、辺境性、隔絶性、完結性というそれぞれ地理的、風土的、歴史的な条件を加味して考察する場合、日本人の民族的特質というものが、かなりはっきりした輪廓を持って浮び上って来ることは事実である。

まず地理的な位置条件でいえば、日本の地が辺境にあって中心性を持ちにくいという条件が挙げられねばならぬ。辺境といっても、ある文化圏の辺境であってマダガスカルのような絶海の孤島ではない。そしてこの点ジャヴァのような南洋諸島の中心的存在と異なり、旧大陸では西の端にあるイギリスと似ているのだが、歴史的条件がちがう。ギリシア、ローマの古典古代から中世末の十六世紀のころまでは、たしかにイギリスはヨーロッパの辺境であった。しかし、そのヨーロッパ文化の中心が地中海からアルプス以北のヨーロッパへ移ったころからイギリスはその中心の中の中心をしめるに至っている。しかもその経緯は、ヨーロッパが世界の繁栄の中心地になって行く過程でもある。辺境の住民は中央文化に接するとそれから刺戟を受けて自己の辺境性を克服する努力をするものだが、この場合イギリス人の努力は海洋支配による世界帝国の成立となって現われた。そしてそのことでイギリス人の劣等意識は完全に消滅してしまった。生活の仕方や文化にはまだ田舎者的固陋さをかなり残しているにしてもである。

それに対し、日本人は近代までは中国の辺境、近代からはヨーロッパの辺境として、辺境のまま、数千年を送らなければならなくなった。辺境が繁栄すると世界の中心はそちらへ移動するものだ。古代ギリシアはペルシアの辺境だったが、それが富み栄えると結局アレキサンダー帝が出現し、ヘレニズム世界を構成したように。日本も明治末から第二次大戦にかけてはその道を歩んだ。微視的な立場から見れば日本の大東亜戦争は狂信軍人の無謀な野心によっておこされたものだけれど、世界史概観ということになればギリシアやイギリスの膨張のような当り前の過程である。ただ軍部の過信による無知傲慢さと欧米列強の世界支配のもとでという条件が重なって、覇権がこれまた世界史上短命の典型であるアレキサンダーの大帝国に較べてさえはるかに短かったということにすぎない。ここで一つの予言をしておけば帝国分裂のあとも、ギリシアのアテネは経済と文化の中心としてその一時的な繁栄を数十年は持続させた。しかし、虚無的な思想以外何一つ文化らしいものを生まずそのまま衰亡して行った。このままでは日本も多分それと同じ運命を辿るだろうということである。

日本は、軍事大国になっても、経済的繁栄を誇っても、結局アジアの中心にもなれず、世界史上に興亡したかずかずの帝国の矮小畸型な模倣世界を一瞬間作るだけに終った。そのことから、とくにインテリの間に一種の無力感とも挫折感とも自虐性ともつかぬ感覚が生まれ、昔ながらの劣等意識とからまって、自国や自国の政府をことさら悪しざまにいい、自分の存在理由を主張する傾向も生まれた。基本的には、日本人の劣等意識を抜きがたいものにした。このような日本人はいまだに指導者、支配者民族としての素質を全く持つことが出来ない。その点、同じ優秀民族でありながらまるで世界の支配者たるべき使命を持って生まれたとされるローマ人とは対極点に立つ。イギリス人とも対蹠的である。どうも私たちは、被支配民的性格を持ちつづけねばならぬ宿命を持つ民族、人から支配されブツブツいっていることに快感を感じる奴隷根性の国民、何をやっても責任を感ぜず、というより感じることができず相手が悪いとしか思えぬ民族かも知れない。怨念などを持ち得る資格のない「卑しい成金のドラ息子」というのが、現在の若者たちの置かれた客観的状態である。その現代の若者たちが、怨念の塊のようなアラブ人と簡単に同調できると思いこめるのも劣等意識民族であり続ける一つの証左であろう。

このような劣等意識をもたらす閉鎖性隔絶性は日本本土の地理的位置だけでなく、海洋の性格による航行の困難さにもあるといえよう。私たちは日本人を海洋民族だと信じているが、それは海洋民族というものを知らないゆえの錯覚だ。日本周辺の海は豊沃ではあるが、荒波と激しい潮流によって外洋へ乗り出すことも、海外から乗り入れることも拒絶する水の壁である。漁撈民といっても沿岸の浅瀬や岩礁にへばりついて、その魚貝を拾集しているだけのようなものだ。外来民が日本へ着くのも出るのも殆ど漂流の末漂着したものである。遣唐使なども航海というより決死の難破行に近い。中国のどこかへ打ち上げられに行くのである。唐に対する狂気に近い憧憬がないかぎり実行できるものではなかった。それほど危険をともなう渡洋ということは、単なる冒険心や好奇心や富への欲望などからできようはずがない。決死の航行ということは死を賭してもそれへ狩りたてる特殊例外的な条件があったときに限られる。日本への渡航もそうだ。日本人の往来、外国人の渡来ということは古くは民族大移動といった生物的衝動とか新しくは一つの王朝の滅亡というような事態のときにだけ集団的移動があったという推測がなされる所以である。身のおき所に窮した戦国時代の八幡船がそうだった。戦国末期の一瞬間を除き、義経だろうが何だろうが日本のドロップアウトの殆んどは海洋脱出を試みることなく無為に処分されている。そのような現象はイギリス人から見れば理解し難い心情であろう。平家は西海へのがれて勢力を回復したが、イギリスではそれが国外であるのが普通の現象でもある。こうして日本は外国人や外国文化が地の果の日本へ漂着してくるだけの辺境の閉鎖孤絶した島国だったと定義できよう。自己をして中心世界化する試みはいつも無残に、そして簡単に失敗した。日本人が巨大な中央世界へ自分を開こうとせず、ただそれへの憧憬と畏怖ともいえる劣等意識を持ち続けて来たのは当然だといわなければならない。

このような海の彼方の高度な文化と富を憧憬しつつ、海の壁によって守られると共に、閉鎖された孤島の世界を形作って来た。それが日本の第一条件を作ったといえよう。第二は、この日本人が、三つの孤島の中で何をして生きてきたのか。私たちの日常生活を内部から規定していた条件は何なのかという問題である。次にそれを考えなければならない。北海道や東北の北部が日本の歴史の中に影響力を持って参加してきたのはごく最近である。したがって、日本人の民族性形成に関しては受身だけと考えられる。一応考察外に置こう。その意味で日本の核心は瀬戸内海である。この海を中心にこの三つの島は扁舟でも容易に往復、結合できる世界を作っていた。しかも日本の平野部はせまく奥行きは浅い。つまり散在する平野地帯はその独立性を許さぬほどの開放性を持つということである。このような世界ではいかに多様な人種が住みついても、ある期間後には混淆して一つの民族になってしまうだろう。ある集団が孤立し風習が固定化するのはしたがって山奥の地に限られる。近代以前の段階でも自然に統一政権を将来してしまうような条件下にあったといえよう。

北陸、東海をふくむ西日本圏では余程特殊な事情が続かぬかぎり諸地域の分裂、対立、抗争という状態は続かない。スコットランドとアイルランドとイングランドに分れざるを得ないようなイギリスとは対蹠的である。半島国だが、イタリアの東を向いた北部、西を向いた中部、南を向いた南部という状況ともちがう。僅かに土佐と薩摩が本土とは異質な独立性を持ちそうだが、その力は秀吉や家康程度の統一政権の圧迫にも耐えられるものではなかった。日本は政治的にも一体とならざるを得ない国である。よく外人が日本人は「どんな人間でも愛国者だ」と判定する理由はそこにある。郷土意識はあっても俺は東北人で日本人ではないという感覚など持ちようがない。私たちの間での各種の思想、政見、階級の対立はあるが、それはアイルランド人とイングランド人のような文化の差によるコミュニケーションの断絶を意味しない。せいぜいのところ個人的生活環境や体質や、性格の差による情緒的な反撥か、利害の不一致程度のものにすぎぬ。外国人から見れば同一の前提から正反対の結論を出しているだけのことだろう。その同一点を見ての、そしてそれを愛国と錯覚しての判定だと思われる。

この日本人の同一性の基盤を構成するものが稲作でなければならぬ。日本文化史の研究者は京都の文化が全国に伝播した戦国期にこのような日本人の一体化が成立したことを指摘する(古くは例えば原勝郎『日本中世史之研究』昭和四年)。

たしかにそれはその通りであり、地方の憧憬もあってかなり無理な統一化にもなっている。例えば現在でも茶の湯で、沖縄で冬釜の作法が、年末年始にそのまま用いられ参会者は汗だくという喜劇が実行されている。微妙な上方の四季を反映する俳句の季の読みこみが、そのまま機械的に東北に適用されているといった風に。梅雨は東北の北半部では顕著でなく北海道には殆んど存在しないのだが、最上川は五月雨を集めてこそはじめて早く流れることになっているようである。

しかし、このような生活様式と、生活を表現する意識の一体化はその反面当然の物的理由を持っている。米作の普及がそれだ。日本は、この米作りと米食だけに全力を投入して来た国だといえる。もちろん米が食べられない地域や階層が近ごろまで残っていたことは事実だけれど、それがかえって米作と米食への異常なまでの執念になって徳川初期には東北で米作が可能となり遂に明治には亜寒帯ともいうべき北海道にまで熱帯植物である米を稔らせるのに成功したのだ。宮崎市定教授は中国史を「唯塩史」で説いたが、その伝で行けば、日本はこれより遥かに強く、「唯米史」で説明できる特殊な世界なのだ。したがって日本の歴史家は米の収入、支出、運搬、販売しか考えない。そういう観点で世界史を考える。そんな日本史学者というのも、世界の中ではかなり変った存在である。

稲は麦とちがい、水平の田を作り、畦によって水をたたえ、一本一本植え、除草、駆虫を行ない、肥料も乏しく駆虫剤もなかった昔は、空穂を作らぬためにも、除虫のためにも、摘芽《てきが》摘芯《てきしん》さえ行なわねばならないといった細心な作業を要する極度に労働集約的な作物である。すくなくとも戦前まではそうだった。それに対しヨーロッパの麦作は中耕——収穫と播種《はしゅ》の間に土がかたまるのを防ぐため一度鋤を入れること——と播種前にもう一度耕し、播種後はその上にうすく土を被らせるだけの農業だ。配水、手で草を抜く作業や、駆虫などの作業を要さぬというほどの、根本的に日本の米作とは異質な農業である。徒長《とちょう》のおそれのないヨーロッパでは麦ふみさえ必要としないのである。

しかも日本の稲作が南方の米作ともずいぶん分ちがった人間性を生み出すのは北限稲作というこ

とと、極度の多収穫品種という二条件にある。この第一の条件は七、八月の高温に賭けるということだ。日本の米作りは、したがって季節の変化に追われつづけ、すこしの遅滞も怠慢も許されぬ忙しい農作だということになる。しかも、その忙しさというのも筋肉力を集中使用する重労働ではなくて、「猫の手も借りたい」ほどの気ぜわしさをともない細かく面倒な作業の連続である。手際のよさと小まめさが最大の条件となる。雨を案じ、霜に追われつつ、植つけも刈り入れも数日のうちに行なってしまわねばならぬ。湿度が高いから鍬や鋤など仕事を終えるごとに洗わないとさびついてしまう。そんな必要もなく現場に放置したまま帰宅でき、ゆったりと時間がかけられ、したがって定時間労働を合理的に配分できるヨーロッパの麦作とは全く異質だし南方の稲作とも労働という心構えがちがって来る。農繁期は誰もがヒステリックになるほどのいそがしさ、それゆえ近隣との親身をこめた相互援助がどうしても必要となる。同じ共同体といっても、そのつき合いの切実さがちがう。「遠い親戚より近くの他人」といった心の籠った人間関係が結ばれていないかぎり日本の稲作は崩壊してしまうのである。

かつて、R・ベネディクトなどの指摘に便乗して、日本人は世間体だけを重んじ、普遍的な社会意識を持たないなどと、近代主義的評論家などが黄色い口ばしを揃えた。それはこの農作業など実労働の経験はもちろん、考えたこともないペダンティックな思想遊びをやっている人々の意見だろう。そこから、たえず気ぜわしく落ちつかぬ日本人の国民性も、隣近所にいつも気を使っていなければならない社会環境も生まれて来る。ここでは抜目なさ、抜けがけの精神は生まれるけれど、熟慮し、選択し、断行するという意志決定の空間的余地も時間的余裕も生まれようがないのだ。世間様の物笑いにならぬようという心得が最高の道徳となる理由もそこにあろう。世間に背くことは死活の問題だったのである。それを封建的抑圧にのみ求める見解こそ、まさに特殊日本的な偏った解釈である。いそがしさの中に仮住居することで安堵感を持ち、閑だととりのこされた不安を覚え、「閑居」すれば「不善をなす」。決断を要求されると目まいがして訳が判らなくなり盲目的に突進する。それが日本人というものでなければならない。

「実るほど頭のたれる稲穂かな」は、よくいえば日本人の自己抑制の訓戒とも、悪くいえば韜晦の術策ともとれる言葉だが、このような稲穂は南方には見受けられない。もちろん麦とはちがうけれどむしろ直立型が自然の姿なのである。多産性畸型を理想の姿と見るのが日本農業の性格だとすれば、それをうながしたものこそ私たちの極端な勤勉さだといってよい。ヨーロッパの麦作で多収穫を目指すときは一応品種改良も心がけはするけれども、重点はより多くの土地を耕すということに向けられた。倍の土地を耕せば倍の収入になるという簡明な論理からである。日照は乏しく、土地はやせているけれど未開墾の可耕地には余裕のあるヨーロッパでは合理的で実現可能な目的だといってよい。倍の土地を耕すには省力化つまり労働の合理化が目指される。畜力の利用と農繁期のピークをできるだけすくなくし、労働を平均化させる工夫がそこから生まれた。しかし極度の集約化によって増産を計ろうとする日本の稲作は畜力の利用には強い制約がある。そこでただひたすらに品種改良と、無限の、しかも最高に良質な労働を投入するより外に方法がない。このことから日本人の特性の多くが生まれてくるのである。

第一は季節の変化に追われ、ほっとする間もない仕事を、さらに進め季節を追いかけるまでに進めたことだ。現在の温床苗床《おんしょうなえどこ》や早稲《わせ》米の進歩などその結果である。こうなれば収穫祭でさえ、数日の爆発的な歓喜のあと、すぐ麦などの次の作物の準備にとりかからねばならない。私たちの日常性を規定している何ものかに追われるような忙しさという感覚の根源はこのような北限稲作の展開法にあると考えられる。

第二には無限な労働の投入だから、他事を省みる余裕がないということである。一切は米に集中される。それも一家総出、さらには親しい親戚、近隣が共同してだ。ここから水入らずという仲間意識も、精神的閉鎖性つまり広い世界に対する開かれた心の欠如も、稲作を害する一切のものへの拒絶の姿勢即ち偏狭なエゴイズムも生まれて来る。

第三には、このような労働からは、小さな技術の改良や、隣百姓主義という抜けがけ、模倣の精神も培われてくる。しかし、その勤勉性は革命的精神や決断とは対極点にある。大衆が窮迫に追いつめられたときはただ情緒的な反抗、窮鼠猫を噛むという反抗となって爆発せざるを得ない理由である。

第四はここから商業行為、つまり流通過程から利潤を抽出する行為者が異常なまでの有利さと特権性を持つことになってくる。生産労働への極端な没入は流通関係に対し、どうしても無知無関心となってしまうからである。そのことは同時に商人や商業に対する一般生産者の根強い反感軽侮と羨望と嫉妬が生まれるという事態をひきおこす。この種の農民や手工業者の意識はヨーロッパの中世でも、例えばジョン・ガウアーの商人罵倒のように、自給自足的な時代ではどこにでも見られる一般現象ではある。しかし、日本ほど近代に至るまでこの反感が濃厚に残存、持続した例は珍しいであろう。かなり開かれた現在の世界でも、日本では大衆的世論というのはいつもこのような生産者的、農民的意識である。極端な労働集約化によって自給率を高めようとして来た日本では、商品生産者という意識にまでは遂に到達しなかったのだといえよう。

第五は夏季の日照と高温多雨にかけ、多収穫に依存するという、合理性に欠け偶然性に頼る農業ということから生まれる心情である。そこには自信に乏しく神に頼むより仕方がないという諦観とともに、賭博心情も生まれる。もっともこの賭けは勇ましくもなければ果断なものでもない。みみっちい賭けである。ヨーロッパでは賭けは、戦争と狩とともに貴族にのみ許された特権だった。その点日本は正反対になる。日本の賭けに何かうすよごれた悲しさがつきまとう所以であろう。

このような北限稲作という条件から成立した日本人の国民性は、高度工業社会においても、同じように再生産されている。私たちはいつも忙しげに働き、ゆっくり休養をとる気持になれない。合理化は労働強化と思いこみ、それに不安と反感を持つ。そのくせ余った時間を損しないようにとけちな賭博に費す。マージャン、パチンコ、ゴルフ、みないじましい利益と結びつく。もっとも多収穫性を持つこのような農業世界では、ほんの少しでも労働に参加すれば、飢死はしない。日本の農村はだから無限に近いほど半失業者を吸いこむことができた。こういう世界では「首切り」が極端におそれられる。いや、おそれられるというより反道徳、反人倫として排撃される。一方徒食は極度に卑められる。工業経営者もただ無暗に働き生産性を高めることに夢中で、他の社会に目を向けない。政治に関心を持たず、持つときは保護だけを求める。

日本人は多量生産による剰余は、水が自然にあふれるように交換がよびおこされるのだと考える。したがって商人も又、新市場の創設には関心を持たず、市場がせばまってくるとあり余る商品をなりふり構わずやたらに売りこむことに専心する。決断による行動法の転換や市場開拓や創設など冒険行為などは到底求められない。隣百姓主義で外国か他人の成功を懸命に真似るだけだ。同質社会の生き方には決断は必要でなく、ただひたすら同化が求められ至上道徳とされるのである。

しかしながら、このような状況を顧慮せず、ただ盲目的に、ひたむきの生産とひたむきの販路拡張を続けて行く態度には限界がある。つまり高度工業社会ともなればそのままではこれまでのような飛躍発展が見られないということと、世界を相手にするところまで拡大した売込み市場では相手側からの嫌悪と拒否が生まれるからである。現在も日本は正にその壁につき当っているが、このゆき詰りと拒絶は今後絶対のものとなろう。エコノミック・アニマルとか働きすぎなどがいわれているが、私たちはその国民性としての「せわしなさ」から脱却して、落ちついて生活する態度を得るよりはるか以前にこの危機に遭遇する運命にある。そのときこそ日本人に一番欠けた冷静な現実把握と決断がどうしても要求されるはずである。つまり、選別、切捨て、転換といった、日本人のもっともなし難い決断によって苦境を開いて行かねばならぬときが来るということだ。ここに、私があえて〝決断の条件〟をものした理由があるのである。

私たちのような国民には、この意志決定の世界が到底耐えられぬほど厳しく、えげつなく、したがって何か現実性を以て感じられないのではないかと思う。しかしながらこのような条件は日本人以外ではむしろ当り前の教訓であり、私たちはそのような世界に直面しているのだということを心得として知っていただきたい。それが私の希望である。

「チャンスの表の顔には危機と書いてあり、裏側にのみチャンスと記されている」という格言を持つ世界と、「鳴かずんば鳴くまで待とうほととぎす」という坐して熟柿の落ちるのを待つ態度が常に終極的勝利をもたらした日本とのちがいがそこにある。私たちの忙しさはこの待つ態度と矛盾するものではなく、危機をチャンスに変化させ、それを把握する決断が欠如していることを示すに過ぎない。そして今私たちはこの決断の世界へ突入して行く運命にあるのである。

1

民衆を真の味方にできるのは君主（権力者）だけで、一介の市民が民衆を頼ろうとするのは、ぬかるみの上に土台を築こうとするようなものだ。

マキァヴェリ

天満の与力大塩平八郎は心から民衆の身を思う男だった。天保は天保銭という悪貨の鋳造で知られるように元年から飢饉が相ついだ。四年と七年の飢饉はとくに激しく日本全土は目もあてられぬ惨状を呈した。大塩は見るに見かね、非力な与力でありながらすぐれた学者としての人間関係を利用して寄附を求めるなど大坂の窮民のためにできるだけのことをしていた。しかし、そんなことでは到底やけ石に水である。意を決して三井、鴻池らの豪商に六万両の大金の借金を申し入れたが、これは無理、やっぱりことわられた。そこで愛書家としては余程の決心がいるだろうが、自分の蔵書五万冊を売り、貧民一万戸に一朱ずつ配分した。これで民衆はまるで神のように大塩様と崇拝するようになった。

これは大塩平八郎が、世直しの蹶起《けっき》を決断し、いざというとき民衆が追随して起つことを期待しての布石だったろう。

平八郎はそれと併行して大砲鉄砲の製造をしたり集めたり努力を重ね、市中の極貧者と近郊の被差別部落民などを集めて三百人の部隊を作り、天保八年二月十九日、暴動に立ち上った。

ことはうまく運ぶかに見えた。大砲を乱射し、船場の中心街をはじめ、またたく間に大阪市の五分の一を焼きはらうことができたし、太平になれた大坂城代の警備の武士たちは驚き、おそれ、狼狽するだけ。鎮圧しようとした東町と西町の両奉行は両方とも馬からころげおちるという始末だったからだ。

にもかかわらず、この一揆はたった八時間で弾圧されてしまう。平八郎は逃げおおせて四十日間大坂に潜伏していたが遂に発見され自殺した。

なぜ、こんな、あっけない失敗に終ったのか。大坂の民衆が立ち上らなかったからである。かれらは両奉行が馬から落ちたのを見て、「大坂天満の真中で、馬からさかさに落ちたとき、こんな弱い武士を見たこたあない」という唄を流行させたけれど、決して平八郎に続こうとはしなかった。平八郎だってもちろん、自分の行動が成功するとは期待していなかったであろう。ただ、もうすこし何とかなると信じていたことはたしかである。窮民一万戸への一朱の施与もその証明となろうし、行動に移る際自分の思想をうたった檄文を数多くまいている。一緒に起て、起ってくれという願いが痛ましいまでに表現されたビラだ。だが民衆は起とうとはしなかった。なぜか。一揆軍が軍事的訓練も統一意思も欠如した単なる烏合の衆にすぎぬことを見てとったからだ。大塩は君主ではない。権力者ではない。その部下に物の役に立ちそうな人間は二、三人を数えるにすぎなかった。これでは何もできないということをかれらは瞬間的に見ぬいたのだ。権力を持たぬ一介の市民がその最終段階において自分を支持して来てくれた民衆に頼ろうとしても、それはこういうぬかるみにしかすぎないものとなる。大塩平八郎はこの冷酷な現実を見ぬけなかった。小人数で行なう革命、クーデタが三日天下でもよい、ある程度成功するにも、一瞬の間に支配者を倒し、束の間でもよいから自ら権力者の地位を得るということが絶対不可欠の前提である。そういう権力者になったときはじめて民衆は協力し、その権力が確立されるというのが歴史の教えるところである。この点平八郎は到底政治家でもなければ実務者でもなかった。結局は夢を追う観念主義的思想人にすぎなかったと断定しなければならない。

同じ例を古代ローマ共和制末期のティベリウス・グラックス、ガイウス・グラックス兄弟の悲惨な最期にも見ることができる。表題の言葉はマキァヴェリがこの兄弟のことを論じたときのものである。

ローマは、はじめは平等な市民で構成された都市国家だったが、だんだん大きくなるにつれ、貴族と新興金持層と窮迫した平民との三階層に分れることになった。兄のティベリウスはこの平民のため身を挺して活動したが失敗して貴族に殺された。弟ガイウスは兄の志をついで活動し、民衆の支持を得て護民官という重大な官職に選出された。ガイウスは、そこで、さらに全ローマの民衆に平等な権利を与えようという決断をした。それがいけなかったのだ。

ローマ市の平民たちは貧乏であったが、それでも、新しくローマに加入して来たローマの同盟都市の平民よりも一段と上だという偏見とけちな特権だけにすがりついていた。ガイウスは自分たちの地位をあげ、土地を再分配して貴族との差をすくなくしてくれようとする。それは結構。しかし、新米の同盟都市の平民にも自分たちと同等の権利を与えようとする。それは許せないという嫌らしい、しかし誰でもが持つエゴイズムと、ガイウスが実務的でなく、理想家にすぎぬことがわかって来たことで大衆は一斉にかれにそむいたのである。

ガイウスは貴族たちが武装して自分を殺しに来るという報せを聞いても、武装しようとも、部下に命じて自分の家を防備しようともしなかった。誰がそれをすすめても聞かなかった。ガイウスは自分が信頼していた平民大衆が守りにかけつけてくれるだろうと信じ、それに賭けたらしい、だが誰もやって来なかった。かれはたった一人の奴隷を伴にして逃げ、追いつめられて自殺した。

もうけたのはその首をとった男だけだった。首にはその重さと同じ金という懸賞がかけられていたが、その男はガイウスの脳みそを抜きとりそれに鉛をつめたからである。

そしてそのあと民衆のやったことは大塩平八郎の場合と似ている。グラックス兄弟とその母の像をたてて、かつての功績をほめたたえた。

決断するとき大衆の支持をあてにしてはならない。会社でも一般社員が支持するだろうということをあてにして反抗反乱をすることはもちろん、新しい計画立案をやっては、まあ大抵の場合失敗である。そのやり方が理にかなうか否かとか、会社に有益だとかは問題ではない、民衆が最後まで支持するかどうかは、その人が支持するに値する権力者であるかどうかである。もちろん、このときの権力とは体制の中での権力というだけのことでなくてもよい。本当に信頼できる真の部下を何人持っているとか、計画を実行して行く知的能力があるとか、いわば実力者であればよいわけだ。

決断する。大衆、平社員、若者たちが支持しない。それで敗北する、失敗するということがあったら、それは自分が権力者でも、実力者でもない「一介の市民」でしかなかったせいだと反省すべきである。その逆からいえば自分にその能力がないのに、正義漢ぶったり、智者ぶって大きな決断はしないことである。いや、せめては敗れたとき、自分は正しかったの、誰もが味方しなかったからだ、という理由はつけないでいただきたい。能力がないから誰も味方しなかったので、味方しなかったから負けたというのは原因結果をとりちがえているにすぎないのだから。

2

反抗者は常に仲間に強い猜疑心を持っている。分裂させるにしくはない。

マキァヴェリ

マキァヴェリはフィレンツェ市、つまりトスカナ共和国の外交官であった。この政府は中流の金持連による民主政府である。民主政府というのは必然的に衆愚政治への傾向を持つ。その会議は小田原評定になる。マキァヴェリは政治の内部から、そういう組織の弱点をつぶさに見た。優柔不断とはてしない足のひっぱり合いと、そして、その根本にある仲間に対する猜疑心と嫉妬心を。

そのためにかれは、能力と自信に満ち満ちた君主とその君主に対する絶対の信頼によって貫かれた政治組織という理想型を考えたのだ。人間は本来猜疑心のかたまりのようなものだが、その心をおこさせないようにするところに君主の役割があるというわけである。

ところで君主にそれが可能なのは、君主が才能や徳を持っているからではない。もちろん君主がそういうものを欠いていたのでは話にならないが、君主が能力によって人を心服させるのは、かれが権力を持っているからだ。つまり、個々人に対する生殺与奪の権はもちろん、国民全体を幸福にするかしないかということまでの全権力を一身に集中しているからである。君主、すなわち権力そのものが、完全に合理的で狂いがないということになれば、人々はお互いをうたがい合う必要がなくなるわけだ。

しかし、権力がこまかく分有されている民主政治では、そううまくはいかない。すぐれた才能というのはそうあるものではない。何万人に一人の君主なら、そんな人材が期待できるが、十人に一人といった程度の人が権力を持ち、それらが対立抗争する。すくなくとも競合するという民主政治では、一体誰が信頼できるというのか。かりに信頼できる人材があっても、その能力が制限されているので、結局信頼できないことになる。民主政治というものは相互不信の上に立った政治である――だから駄目というのではない――。

いわんや、その中での体制反対派内部は大変だ。かれらの精神状態はいわば檻の中に入れられた猛獣の群のようなもので、相互不信というより、お互いが敵だという側面が強い。現実権力を全く持たぬ権力意欲の強い人の集りだから、みんな権力を全く持たぬ権力者みたいなもので、自分が何かの力を行使しようとすれば仲間を傷つけないではできないからである。相互の猜疑心はこうして絶頂に達する。

日本は会社でも官庁でも、みんなある程度は出世しなければならない組織になっている。一生平社員ということは、まああり得ない。しかし何かの長にはなる、ということは、自分が欲すると否とにかかわらず、一種の体制反対派にならざるを得ないということだ。つまり、会社をつぶそうとか、今の管理職を全部やめさそうとかは思わないにしろ、誰もが、上役の死ぬことか、失敗かを望んでいるということである。会社がどんどん大きくなっていかないかぎり、誰かが退いてくれないと昇進できないからだ。これまでの高度成長時代は組織の膨張が救いだったが、これからはそうはいかない。こういう「反体制」気分は急速に強くなっていくことだろう。

つまり、日本は相互不信社会なのである。ところで謀反をおこそうとする人間は、自分で自分の人物眼を曇らせるものだ。信長の武将、荒木村重が叛いたときのことである。秀吉はそれを思いとどまらせようとして自分の腹心であり、村重の親友でもあった黒田官兵衛孝高を村重の居城伊丹城までさしむけた。官兵衛は懸命に説いたのだが、村重は謀略だと思いこみ、孝高を捕え土牢に入れてしまった。孝高は落城まで一年余もこの土牢で耐え、救出されたときは、背がまがり、片足はなえてしまって立ち上れず板にのせてかつぎ出さねばならなかった。ほとんど利害の対立関係のない親友でさえ、敵のまわしものとしか思えないのが叛乱者の心情というものである。私たち日本人は、みんな心の中に一種の謀反人意識を持っている。仲間に対する心の底からの信頼というものが容易に生まれにくい世界なのだ。その代りその信頼が生まれたときは本当の親友になる。よき部下になり、よき長になるのだけれど。

こういう社会で何かをなそうとすることは、一種の謀反をおこすことでもある。会社のために、会社の基本方針にそってやることでも、それが創意や新工夫のものであるかぎりはそうなる。ではどうしてそれを成功させるか。

自分のやろうとすることに反対するものがあるだろう。競争会社など根本的対立者もあるだろう。それをやっつけるためには、この日本人の猜疑心を利用するのである。自分と対立する相手のグループに相互不信をおこさせるのだ。これは戦国時代の武将がやった極めて一般的なやり方である。アメリカの企業もそうだ。イギリスの植民地統治もこの基本路線にそうものであったことはすでに周知の事実である。

ただ日本人は自分の領域内部の「叛乱者」の鎮圧の仕方が極めて下手である。そのことは大学の学生の騒ぎを見てもよく判る。下手なのは猜疑心の強いせいだ。例えばすぐに道徳を持ち出す。警官導入はよろしくない、話し合おうなどと。というと不審に思われるかも知れぬ。それは猜疑心とはさかさまの心情から生まれた意見ではないかと。だがちがう。同僚への猜疑心が生んだものだ。同僚の群から離れ自分「だけ」が一番早く「よい子」になりたいからである。このよい子になりたがる競争が事を紛糾させる。一方いったん叛乱者への憎しみが一致すると今度は極端に走る。誰もかれもが叛乱者に見えて一種のヒステリー状況をおこしてしまう。信長の村重に対する態度もそれで、はじめは村重の謀反など信せずやたらに寛大だったのが、急におこり出し、官兵衛がとじこめられているのでさえ村重に味方したと信じこみ、自分のところへ人質として出している官兵衛の子供を殺せと命じるほどうろたえ激昂し——命を受けた秀吉が実行しなかったので信長は救われたのだが——伊丹城をおとしたときには、村重の家来はもちろん百二十二人の女房どもを磔にし、女房どもの召使、男百二十四人、女三百八十八人を四軒の家におしこみ柴をつんで、それに火をつけ全部やき殺した。

変な道徳論をふりまわしていると、結果としてこんなことになる。それより自分の阻害者たちの組織を、その相互猜疑心を利用して分裂させ、阻害機能を奪ってしまう方が合理的であり、むしろ本当の人間的というもの、マキァヴェリの主張の真意はそこにあるのではなかろうか。

3

相手に対し、何か考慮を払わないですむような完璧な勝利はありえない。

マキァヴェリ

上杉謙信も戦国時代の武将の常として四面を全部敵として戦ってきた。しかし、その生涯を通じての宿敵というのは、やはり講談や小説が面白がってとりあげている武田信玄であったことは否定できない。

この武田信玄が、末期の永禄十年、北条や今川と対立し、いわゆる塩留作戦、つまり塩を絶たれて、武田の将士も、甲斐の民衆もひどく苦しんだ。それと聞いた謙信はそのようなやり方で戦うのは武将の本意ではない、民衆が可哀そうだというので、あえてこの宿敵に塩を送った。そういう有名な伝説がある。

戦国時代の伝説は、まことに真偽定かならぬものが多いのだが、この話も歴史研究者の間ではうそだときめつけられている。出所の信頼性がないということもある。そういう意見の論理的な根拠はこうだ。北条氏と今川氏と上杉氏の三者が結合しないと塩ぜめということはできない。しかし謙信と信玄は歴史が戦うために作り出したような宿敵である。それに対し武田氏は今川氏とは大体友好関係にあった。北条とも同じこと。そんな状況下で反武田連合体が成立する可能性は極めて乏しい。もし、それが成立したとしたら上杉謙信の強いリーダーシップのもとであったに相違ない。そのような役割を演じた謙信がどうしてその同盟を自分の手で破壊するようなことを率先してやるのか。あり得ないという想定からである。

たしかにそういう意見も成立つ。しかし、もうすこし考えてみよう。第一には謙信が神仏に尊崇あつい潔癖な男だったということである。そのことは残された数少ない史料の中でも重要な弘治三年信濃更級郡の八幡社、永禄七年六月弥彦神社に捧げた、信玄を「親を追って家をのっとるなど手段を選ばぬ男」と批難し、「これを私に討たせ給え」と祈った願文などからもわかる。いかにも塩を送りそうな男だし、逆にいうと、こういう文書などから塩おくりの話が生まれたのかも知れない。

第二には謙信は潔癖な男であるには相違ないが、戦国時代は潔癖な勇将というだけで、あれほどのし上れる甘い時代ではない。謙信は充分な政治的才幹を持っているし、今日の言葉でいえば権謀術策も相当にやっている。第一、兄の晴景を攻め、これを隠居させ自分が当主になるということをやっているではないか。戦国時代の武将は大抵まず父や兄や伯父や、いわゆる尊属の支配者たちを打倒することによって頭をもたげている。謙信だけのことではない。人間は我が子の中でもおとなしくて行儀よくいうことをよく聞くものを可愛がる。先生が弟子を、社長が後継者をえらぶ場合でも同じこと、そしてそういう人間を「あとつぎ」と指名する。自主性を持つ真の実力者は不従順として嫌われ遠ざけられる。実力者が頭をもたげようとするとき、当然そんな父や後継者を排除しなければならないではないか。それにおとなしい子では乱世に家を維持して行けない。家を維持するためという大義名分もつく。部下も実力者を押し上げる。頼りないのについていては出世どころか命もあぶない。「親殺し」「兄弟殺し」が戦国大名の世界で当り前のこととなった理由である。

　こういうと、読者は、それがなぜ塩をおくるということの証明になるのか、むしろ逆ではないかと考えられるだろう。そうではないのである。

　どんなときにも完璧な勝利はあり得ない。途方もない大国が、小国を撃滅し去って、煮て食おうが、焼いて食おうが、自由というときでさえそうである。相手国の人間を一人残らず殺してしまうというようなことは絶対できない。すると残されたものは少数にしろすさまじい恨みを永久に燃やしつづけることになる。どんな強い政権でも反対者を国の内外にかならず持っている。少数者の恨みは、この内外の敵と結合し、現在以上に自分の政権の大きなひびわれを内在させる原動力になるはずである。

　マキァヴェリはこの言葉につけ足して、「だから勝者はどうしても正義についての配慮を払わざるを得ない」といっている。それは正義が倫理だから守るべきだというのではなく、勝利を勝利たらしめるため必要な補足手段だということである。

　謙信も、この理を知っていたのだ。すべての臣下は、宿敵を倒す絶好の、あるいは唯一無二の手段かも知れぬこの手段をみずから潰すことに反対した。かれだけがあえて塩をおくることを命じ強行したのだ。しかも私は謙信が塩攻めの首謀者だったと思っている。なぜ自らの策を破ることをしたのか。この断行はマキァヴェリの洞察と見事に一致する。もし相手をこういう手段で倒したら、一般民衆は自分を苦しめるだけの戦略をとった新しい支配者に心から信頼をよせることはないだろうことも知っていた。自分たちの同盟が一時的なものですぐひびが入り、塩絶ちが永続しないであろう公算が極めて大きいこともわかっていた。苦痛が大きくなれば信玄は宿敵である自分に降伏するより、大きい犠牲を払っても、何度か結んだであろう北条氏か今川氏と和睦するだろう。それより前に敵に恩を売っておけば敵地の民衆の自分に対する信望は大きくなる。将来の策の種になる。世間の評判もよくなる。敵領民の分断策にもなる。そういう判断を下したものと私は推定したいのである。

ふつうの人間は、自分のやり方が成功しているとき、それを変える気には決してならないものである。凡人は、それが唯一の手段のように思う。永久にそのやり方はよいと思いこむ。もうすこし器量のある者は、そういう手段が限界に達したり、変更を必要とするようになる可能性があることは判っている。しかし、そうなったときに、事情に応じ、方法を変えればよいと思うだけである。それを固執という。状況以前に手をうたねば、手おくれになるものだという ことが容易に理解できないのだ。日本の石油対策は凡人指導者のこういう失敗、というより衆愚政治の典型のようなものだった。本当の能力者とは、それを知り、万人が反対するにもかかわらず、先手をうって、成功しつつある方法を変える決断ができる人間である。

それは時期の判断が大切なこともある。ただ謙信のこの場合はすこしちがう。完全な勝利というものはあり得ない。勝利のときでも「正義」は必ず行わねばならぬ認識をかれ一人が持っていたからである。

このような洞察はどこから来るのであろうか。あらゆる修養と経験からであろう。私はこのときただ、最高の決断者としての一つの資格は、自己のなしつつあること、人間が人間を制するには、限界があることを痛切に認識することだと思う。完全な管理といい、競争相手の覆滅といい、今日の日本の経営者、管理者はすべて完璧を求めすぎる。こういう完璧の求め方からは、真に正しい決定は生まれないのである。

4

人は、父親を殺されたうらみはすぐ忘れるものだが、財産をとられたうらみは生涯忘れない。

マキァヴェリ

韓非も、こんな例を挙げている。「宋の崇門の巷人、喪に服して毀し、甚だ瘠せたり。上おもえらく親に慈愛ありと。挙げてもって官師となす。明年、人のもって毀死するところの者、歳に十余人あり」(内儲説)。親の喪に服して身体を悪くした人間を孝行者だというのでお上が官吏にとりたてた。とたんにその翌年、喪に服しすぎて死んだ奴が十何人も出たという話である。韓非は、人間として親を敬愛するのは自然の情だが、それでも利益がともなうとこの騒ぎだ、支配者たるもの、これを利用しないでは支配ができないと説くのだが、マキァヴェリの方はもっとえげつない。親を殺されてもすぐ忘れるというのだから。

人間は欲望の動物である。事を決するときは、自分の行動の結果、誰々に利益がどのように行きわたるか、誰がどのような損害を受けるか、を充分考えぬいて行なわねばならない。欲望の性格を分類し、誰にとっては、どの欲望充足が一番満足を与えるかということも、しっかりと考慮の中に入れねばならない。貧乏人にとっては一万円は他の何物に代えても手に入れたい金額だが、金持にとっては殆んど欲望の対象にはならない。「人間は金ができると、同じ光るものでも、造幣局発行のものより、賞勲局発行のものが欲しくなるものだ」という皮肉は欲望の対象と充足法が場合によって変化して行くことを巧みに二極分解して見せた言葉だといえよう。このような人間心理を顧慮しない行動をとったら、人がついて来ない。このごろの若者は立身出世を求めない、無欲で立派だ、などとかつての自分の尺度だけで物を考え、したり顔で論じていると自分は時代におくれ孤立して結局失敗に帰してしまう。

「そんなこと当り前じゃないか。ちっとも行動決断のための、新しい指針にはならない」。そういう意見を持たれる方もあるだろう。「いや、人はパンのみで生くるものにはあらずだ。利益だけで動かそうというのは間違い。もっと複雑な考え方をしなくては」という反論も出るだろう。それはそうだが、すこしちがう。

はじめの方の反論から考えて見よう。例を『韓非子』から取ったので、今度も彼の言葉を借りる。君臣の利害は相反すると韓非はいっている。階級闘争ということではない。同じ支配層に属していても、君主とその部下は必ず利害相反するという宿命を背負うものだという喝破である。だから臣下はかならず敵と通じ、君主を裏切ろうという傾向を内在させている。それをどう統御するかということが君主に与えられた深刻極まる課題だというのである。人が利益を求めることなどわかり切っていると簡単にいう人にかぎり、この点至って楽観的に考えている人でもある。悪くいえばそんなことをたてまえとして論じているならともかく、本気で思っているとしたらそもそも考えるということができない人間と断定してよい。いつも利益を与えているから、あいつは俺に心服しているはずだとか、利益をいくぶんか分ければよいだろうとか、逆に上役は俺を絶対信頼しているはずだとか、単純極まるきめつけ方をする人は、きまって他人が自分の予定表とちがった行動をとるとあわてふためき、度を忘れてしまうのだ。

もう一つ。人は利益により動かないという意見である。こういう意見は戦後とりわけ強調されて来たのだが、その主張者は女性だとか、学者だとか、現実社会と直接結合していない人々を殆んどとするということに注意されたい。こういう世迷言が支配的となったのには、いろいろ理由がある。第一はアメリカの占領下に流行させられた考え方ということである。アメリカは日本を生存ぎりぎりの三流国状況下にとどめておこうという政策をとった。そうなれば清貧主義を鼓吹しなければならぬ。その意図のもとに、そういう情報を流す先生たちをマスコミに、教育界に総動員したのである。

第二には、社会の保育箱内の人間は、他人のお情で自分に供給されている酸素を、自然なものと考え、自分が自分自身の能力で生きているかのような錯覚を持つ。数年来の大学騒動で、その騒ぎの尖端に立った共闘派学生など、その典型だ。社会は豊かになればなるほど、このような人々を数多く「扶養」する能力を持つようになる。こういう人々は時には文化に貢献するし、決して無用の人物ではないのだが、自分だけは余分な酸素の配給を求めない人間だと思いこんでいるだけに始末におえぬ人間でもある。そういう人々の甘い意見に、実社会の第一線にある人々が動かされるとは、まことに奇妙な話である。

なるほど、生命もいらぬ、地位も名誉も金もいらぬという人間は居ないわけではない。だが、そんな人は極めて稀、まあ自分の周辺には居らないものと考える方が、はるかにまっとうである。第二には、そういう人はいないでもないが、しかし、その上に能力があるということが大切なのではないか。西郷隆盛はそういう人物だった。かれは自分の能力を認め、教育し、自分だけに何もかもを打ちあけ枢機に参画させてくれた島津斉彬の姿を最後まで追求敬慕した。特別待遇に特別敬服を以て報いている。その西郷は、この能力を認めた斉彬によって藩内に発言権を得、その後無私情により人を集めたのであって、無私情が突破口になったのでは決してない。しかも、最後にかれのもとに残ったのは中村半次郎をはじめ人物としては傑出するが、近代国家の官僚としての能力を持たぬ人々だったといって過言ではないのである。無私だけの人間では何にもならぬのだ。

第三に、無私な人間は動乱や戦争になって出現する。それもある期間の社会的訓練ののち生まれるもので、戦後から今日までの金儲け絶対主義という状況は全くそんな人間を生む可能性のない社会だったといえる。今日、無私、純粋正義、純情、朴訥《ぼくとつ》などを売り物にする人間はひどい偽物と考えて、まあ間違いない。

ただ注意すべきは、現代社会のような複雑な世界では欲望は必ずしも直接態的、つまり生《なま》な形をとって出現するものではないということである。それに現在の性格学の発達は、性格によって欲望発現の形がちがうということを教えた。カッコウがいい、感じがいいということも劣等意識者の屈曲した一つの欲望表現だといって差支えない。また、「自分は出世を望まない。立身出世主義は不可、みんな揃って幸福に」と主張するのは、他人が不幸になることか、自分よりぬきんでようとする他人の足をひっぱることにまず頭が行く、反権力を誇示、ないしはそれに自己陶酔しつつ権力をたのしみたいという陰性欲望充足型である。その裏には必ずといってよいほど、自分がその「みんな揃った」中の指導者、そして生活その他はちょっぴり上という「欲望」があると見てよい。こういう人には「社会正義」という飾りをつけてやると自由に欲望を発散できるようになってよろこぶ。牢名主的、奴隷的な権力を求めている。それを与えるという風な配慮を要する。ただそういう欲望充足が支配するようになった組織や団体は、無残な内部崩壊を喫することも旧日本陸軍などの例が示している。適当なうさばらし程度の権力にとどめておくよう細かい工夫をこらしておかねばならない。

要は決断し、人をうごかそうとするときは、人々の欲望充足への配慮が必要ということだ。この単純な原理を、一見複雑に見える数式列挙とか水平思考とかいった思いつきの「無原則」で無視するのが今日の流行らしい。自分の決断に関係してくる人々の気持になり、関係者への配慮なしに、一人合点を決断力と勘ちがいし、みじめな失敗に終る人が何と多いことであろう。

5

運命の神は女神である。だから、これを組みしくためには、ときどき、なぐったり、蹴ったりしなければならない。

マキァヴェリ

女性だから蹴とばさないと駄目だというのは、ずい分無茶な意見のようだが、これにはすこし説明を要する。ルネサンスは、世界最初の女性上位時代だ、その点現在と同じことだともいわれている。事実そうであったかどうかは、ずい分怪しいのだけれど、まあ、当時の文学や資料には女性の横暴——怠けぐせ、虚栄心、性的無軌道、兇暴性などを一所懸命に主張しているものが多い。現在の日本とちがうのは、女性の方が智慧があって、その智慧でへまな男が翻弄されているという点である。こういう女性は持久力があって容易なことでは勝てない。だから、えい、なぐってしまえということになるわけだ。しかも、注意すべきは、このマキァヴェリの教えは女性は力あるものを尊敬し、そういう人間には至って柔順服従する性格を持っている、下手から出ればつけ上るだけだということを前提としての発言だという点である。

私もそう思う。運命の神は気まぐれである。予想を許さない。コンピューターもこれにかかるといかんなく白痴性を発揮する。万博入場者数予想を野村総研は「コンピューターを駆使して」実際の数分の一と計算した。運命の神はつまらぬことにこだわる。本質的原因によって動かず、全くどうでもよいような副次的な原因で雪崩現象をおこしたりする。良識的見方からは、会期末の一カ月間の狂乱したような入場ぶりは全く予測できなかったのだ。たしかに女性そのものだ。

とはいうものの、運命の神は、いつも気まぐれや、末梢理由からのみ動くものではない。マキァヴェリは、「ときどき」なぐらなくてはといったが、実はそのときどきという言葉の内容が大変なのである。なぐってうまく行く運命と、そんなことをしたら、こちらが完全にやられてしまう運命とがある。後者に出会ったときは、諦めて甘受するか、ひたすら耐え、幸い生きのびられたら、反撃を狙うというやり方以外にはない。そのおそろしさをマキァヴェリは個人の能力（ヴィルトゥー）と運命（フォルトゥーナ）とのデッドクロスとしてえがいている。

だが、マキァヴェリは到来する運命をノックアウトできる女神か、どうにもならないものかを見わける方法は示していない。それは求める方が無理かも知れぬ。人生の叡智も、経験も合理的推意も何の役にも立たないからこそ、運命なのだから。あきらめずときどきなぐって見るしかないということになるわけである。

しかし、それだけでは意志決定のための助言にはならないだろう。ここで私はあえてひとつの見わけ方を提示して見たいと思う。

信長は、今川義元が四万五千と称する大軍をひきい、上洛を期し殺到して来たとき、完全に敗死を覚悟した。実数は二万四、五千と判定されているが、何しろこちらの動員数はせいぜい三、四千である。義元の方も、もちろん問題にしていなかった。

とはいえ降伏はできない。反抗をつづけて来た自分の父以来のいきさつから、そんなことをしたって殺されるだけということは判っている。玉砕しかない。籠城を主張する老臣たちを押えてかれは奇襲、しかも正面攻撃に出た。籠城は万に一つの勝目もない。攻撃は万一ということがある。この判断は正しい。出撃してから、今川義元は信長の出城、丸根・鷲津の砦を落した祝宴をやっているとの報知がとどいた。近在の百姓たちが御機嫌とりに献上した料理を義元が賞味する気になったのである。敵主力を倒さないうち祝宴を張るとは何事か。今度の大戦で日本はシンガポールをおとしたとき第一次祝勝会を開いた。これが日本軍はもちろん日本国民全体をおごらせ、ミッドウェーの大敗北へ直結する。それと同じことだ。そのことを諜報で知った。しかも、その知らせを聞いてすぐその場へ殺到できるところまですでに信長は到着していた。運命と信長の果断との相乗効果だ。その上運命の神は女神であることを証明した。信長にすさまじい大雷雨をこの瞬間に与えたのである。奇襲は完璧に成功し、義元は田楽狭間で戦死した。

ところでこの信長である。かれの真に偉大なところは、かれはその後二度と田楽狭間のように運命をなぐろうとはしなかったということだ。その後は、少数兵力による奇襲は一切行なわず、圧倒的兵力で敵を正面攻撃、すりつぶすという戦さだけをやった。敵の兵力を削ぐため謀略を用い、相手を内応や分裂させることに全力を挙げた。浅井、朝倉、比叡山の僧兵群に包囲されたときはただひたすら待ち、屈辱的な和議さえ講じている。

しかも、この田楽狭間の奇蹟の勝利に関しかれが一番厚くむくいたのは、義元を殺した服部小平太などではない。昼飯をのんびり食べているという報告をもたらした梁田政綱に対してである。信長には何もかも判っていたのだ。

祝宴中を襲ったにせよ大雷雨がその直前にやって来なければ、信長軍はいち早く発見され、かりにその戦いに勝ったところで義元は倒し得なかったという公算は大である。今川軍と信長軍が持久戦になれば、国力の相違で信長は圧倒されたかも知れない。雷雨こそ正に運命であった。二、三時間、それが早ければ信長は戦死していたろう。無理して奇襲しておればである。

ここでいいたいことはこうだ。運命は政治的運命、経済的運命、自然・物質的運命という三つにわけられよう。冷夏でクーラーが売れない（自然）、アメリカの不況（経済）、ケネディの死、ニクソン・ショック、石油戦争（政治）、という風に。実際に自分を襲って来る運命は、もっと身近で、いりくんでいようが、ともかくこの区分はできるはずである。このときの運命の性の区分法だ。

政治的運命というのは完全に女神である。なぐったら効果が出る可能性は多い。信長はそれに賭けた。経済的運命は男性に近い。なぐっても成功する率は乏しい。敵軍の人数とは経済的運命である。信長は、この後は、相手を減らし、こちらをふやすことに心がけた。謀略とは経済的運命を政治的運命に変える手段である。自然の運は完全男性だ。どうすることもできない。技術で経済的運命に変えられるものもあるが、それは長い年月を要する。ちなみにいえば七三年の石油危機は国際政治や経済問題でもあるが、より深く資源という自然問題に根差している。大英断を以て石油依存を断ち切るべく根本的方針転換を試みる以外に日本の未来はないはずである。

決断の指針とは、圧倒的な不運が襲いかかり、甘受すれば死というとき、それが政治的運命ならば全力を挙げて反撃せよ。死中に活を得る可能性があるということである。

# 6

指導者を欠く大衆は烏合の衆である。

マキァヴェリ

日本海海戦といっても若い人は何の感銘もおこさないかも知れない。明治三十八年五月二十七日、ロシアのバルチック艦隊を東郷大将のひきいる日本の連合艦隊が対馬沖に迎え撃ち完勝した戦闘である。

今度の大戦とちがい、日本にとって、あの日露戦争は悲痛極まる戦いだった。公文書にまで日本人を猿と呼んだロシア皇帝ニコライ二世のもとに、その大帝国が全国力を挙げてゴリ押しの極東侵略に乗り出して来た。負けたなら、日本国民全部が本当の奴隷猿にされてしまう。そんな戦争だったのである。その戦いの中でもっとも重要なのがこの海戦だ。バルチック艦隊との戦闘に負けたら満州でせっかく勝っている日本軍は補給路を絶たれて孤立してしまい、日本は降伏せざるを得なくなる。いや、単に勝つだけではいけない。敵の一艦でもウラジオストックへ入れてはならないのだ。敵を全滅させねば、勝っても負けたことになる。そういう全く無理な要求が東郷大将には課せられていたのである。

結果は完勝だった。世界の海戦史の中でもこんな見事な勝利は例がない。古代ギリシアのサラミスの海戦、中世のレパント沖海戦、近代のトラファルガーの海戦とともに、この日本海海戦は世界史上の四大海戦とされるが、この四海戦でも群を抜いた勝ち方だ。戦力はほぼ互角。だがロシア軍は主力の戦艦八隻のうち六隻撃沈、二隻降伏。巡洋艦九隻中四隻撃沈。海防艦三隻は一隻撃沈、二隻降伏した。日本軍は水雷艇三隻を失ったにすぎぬ。人員の戦死はロシア側五千、日本側百十余名。敵艦で残ったのも、中立国へ逃げて武装解除、人員は抑留されていたものが大部分で、目的のウラジオ入港を果したのは軽巡洋艦一隻と駆逐艦二隻、病院船など特務艦二隻にすぎぬ。軽巡の名はアルマーズ、三千七百トンあるが、もともとはアレキセーフ公爵のヨットを改造したもので戦闘力は心細い。日本海を荒しまわるなど到底できる存在ではない。

このような奇蹟としかいえぬ大勝を得たのには、もちろん数多くの理由があげられる。現象としては、ロシア側の旗艦がまずやられ、司令官ロジェストウェンスキー将軍も重傷を負って人事不省に陥ったことであろう。ために艦隊行動が混乱し切ってしまい、日本艦隊に袋叩きされることになったからである。

もちろん、軍隊のことだ、戦争のことだ。司令官がやられてしまう可能性は大きい。とくに陸戦とちがい、司令官が一番あぶない所にいる海戦ではそうである。だから、司令官がやられた場合どうするか。その準備は充分にしてあるはず。ロシア側も指揮は誰がとるか。更にその人間がやられたらどうするかもきめていた。ロジェストウェンスキー司令官が負傷し、指揮がとれなくなったときも、そのことはすぐ全艦に伝えられたはずだ。だがそれには多少時間もかかる。心理的動揺の影響もある。そこを見事に日本軍につかれたわけである。逆にいえば、東郷大将は立直るすきを与えなかった。そこが名将の名将たる所以であろう。

その前の黄海海戦のときでもそうだ。日本艦隊はむしろ苦戦だった。それが勝利にかわったのは、あの名高い「運命の一弾」が旗艦の司令塔に命中、司令長官ウィットゲフト以下幕僚を全滅させ、瞬時に敵を大混乱におとしいれた、そのことによってである。

日露戦争における日本海軍の基本戦法の一つは、敵旗艦に全力を集中し、指揮者を倒して敵陣を混乱させるというのがある。それこそ日本古来の海賊戦法だったのだ。それを鬼才秋山真之参謀が近代戦に合致するよう工夫し、完成したのである。

これは、逆にいえば、こちら側も大将を殺さぬように工夫することが大切ということにもなる。晩年の秀吉が、家康や宇喜多秀家、前田利家などと雑談していて、一つの質問を出した。「もし信長公に兵五千、蒲生氏郷《がもう》に一万をつけて合戦させたとする。どちらが勝つか」。氏郷は豪勇無双、戦略家としても有名な男だ。信長は奇智縦横の天才である。みんな容易に答えられない。秀吉は、そこで、こういう結論を下した。「信長公の方が勝つだろう。両者は死闘になる。ところで蒲生方の冑付《かぶとつき》の首の五つもとることができたら、その中に氏郷の首がきっとあるだろう。だが信長方を四千九百人殺しても信長公は戦死なさるまい。逃げてしまう。大将が残って居れば何とか再建可能だが、大将をうちとられた方が大きくみて負けるにきまっている。たとえ一時の戦いには負けてもだ」（松浦鎮信『武功雑記』）と。氏郷は勇猛にすぎ誠実に過ぎるから駄目というわけである。日露戦争のように官僚組織が完備した軍隊ではないから多少ニュアンスの意味がちがい、長の個人的能力が重大であることというまでもないが、それでも長の持つ特性の基本的部分は同じである。

今日は大衆の時代だ。昔とちがうとか、戦争とは極限状況でのこと、経営や政治の世界とはちがうなどという反論が出るかも知れない。だがマキァヴェリが、ここで挙げている例は、ローマ時代、平民側が自分の要求貫徹をめざし、山にこもっているときのもので、まあ戦争とはいえない状況である。平民側は指導者を失ったので議論がわかれ、強がって見たものの元老院にあやつられ、散々になってしまう。それを指摘しているのだ。

変った例を挙げよう。私の体験である。一九六九年の大学紛争で京大へ機動隊が入り、時計台の籠城組を排除したときのことだ。数十人の「勇ましい」共闘派の学生がジュラルミンの盾《たて》に向ってデモをかけた。だがたちまち包囲され、大学の外にある私たちの研究所の庭先へと逃げこんだ。学生たちは警官に悪罵をあびせている。機動隊は列を作ってにらんでいるが、研究所まではまだ入って来ない。かねて「顔見知り」の指揮者の学生一人が、とまりこんでいた私たちのところへやって来て、「先生、このままでは全員パクられてしまう。かくまってくれませんか」と頼んだ。私はかれらの意見や行動には絶対反対だけれど仕方がない。だが、その必要はなかった。この指揮者の学生と、ほんのちょっと話をしている間に、デモの平隊員たちは、みんなどこかへ蒸発してしまっていた。指揮者が見えなくなったので烏合の衆たちはわれがちにと逃げ出したのである。かれもがっくりして消えてしまった。

平和時代とはいえ、経営戦略も、政治世界の競争も、それはやはり一つの戦争である。籠城のような長期戦か、遭遇戦のような一時戦か、奇襲戦か、大会戦か、いろいろあるにしてもだ。大衆時代だとか、近代だとかいう名に幻惑され、指揮者をたたくが勝ちという根本原則を忘れているようでは、それこそ指揮者たるの資格はない。かれの場合、私たちの所へは使をよこし、自分は「全軍」をひきしめていなければならなかったのである。

研究や発明、創意工夫にしても同じことだろう。主要要因、つまり、いつ指揮者を発見し、いつそれを、どのようにして処理するかによって成否が決定されるのである。

だから、こういうことがいえる。今日指揮者が存在しないように見えるのは、実はかくれているから見えないのにすぎぬ。だから、現在指揮者が何者であり、どこにいるかが判ったときは、もう勝つ条件が与えられたときなのだ。指揮者をさがすことに全力を挙げるべきである。そして、それがわかった瞬間こそ決断を下すべきときなのだ。現在の経営や政治の失敗は、みな、指揮者を間違え、幻や影武者や作られた指揮者を持ち上げたり、逆にたたいたり、判っているのに抜擢をためらったり、たたくことをためらった場合に限られているのである。

# 7

大衆の憎まれ役は他人に請け負わせよ。

マキァヴェリ

これは、もっとも醜い、ずるいすすめのように思える。マキァヴェリの名を悪人、人非人と印象づけ、かれの本を君主を単なる権力欲だけの動物にするための著作だと思わせたのは、このような言葉のせいである。

事実これまで私が挙げて来たマキァヴェリの言葉は人間性についての、まことに手きびしい判断を示すものだったが、ここにかかげたような醜悪な指示ではなかった。しかし、私が意志決定の条件として、このように醜悪なかれの言葉をとりあげたのには多少の理由がある。

マキァヴェリは、人が誤解しているように、君主や政治家にただやたらに没義道で奸悪な権力者になれとだけ奨励しているのではない。かれは、イタリアが小国に分立して内乱抗争を繰りかえしていると、アルプス以北にいち早く成立したイギリス、フランスや、スペインなど中央集権的統一国家の好餌となることを見ぬき、何が何でも祖国を統一することが唯一絶対の緊急事であること、そのためには、地方的、個人的利益を優先させていては駄目なこと、個人主義、自由主義、人間主義といったルネサンスの目標は、それ自体は結構だが、今や祖国を衰亡へかり立てるだけのものだということをいいたかったのである。事実マキァヴェリの警告を無視したイタリアは、かれの晩年からフランス、ドイツ、スペインなどの闘争の場となり、見るかげもなく荒廃してしまう。現在のイタリアだってその傷あとは大きく残っているのである。

それは、まあ、イタリアの特殊な歴史的、政治的条件である。今日の日本にも、同じような傾向が現われ、その未来はまことに不安なのだが、この問題はこの文章の目的である経営を主体とした意志決定とは直接関係しない。この点は深入りしないでおこう。

マキァヴェリの第二点は、人間を性悪と見る意見が多いことである。道徳主義をかかげる人々はこれに反感を持つ。マキァヴェリは正にそういう人々を偽善者と見、偽善こそが、この社会を腐敗させる最大の要因であるとする。実は、それがルネサンスの正統思想なのだ。

もっとも、マキァヴェリは、人間を性悪説からのみ理解するのではない。その点が韓非などとは異なる所以であろう。ただ、人間の持つどうにもならない否定的側面をはっきり認め、その上で行動しないと事のすべてが失敗するということを主張するのである。事の成否はどうでもよいという人には、マキァヴェリは不必要である。赤ん坊や小児は泣きたいから泣くだけ、赤ん坊に、「泣くだけでは判らない、目的達成できないよ」といっても仕方がないだろう。人は理性を持っていても理性で動くものではない。大衆行動は幼児的情緒、つまり動物的本能に基いている。問題はそれとつき合わねばならぬ人々の心構えである。

したがってマキァヴェリは、大人を相手に立論しているのである。つまり自分の行動に社会的責任がとれる資格と能力を持った人々に対してだ。

マキァヴェリが『君主論』を書くときのモデルにしたチェーザレ・ボルジアは一代の梟雄《きょうゆう》だった。活躍僅か四年で毒をのまされ駄目になってしまうが、そのときはまだ二十八歳。法皇の子だし、信長そっくりの才能の持主で、もう二十年、せめて十年生きていたら、イタリアの統一が完成していたかも知れない。そうなっていたら近代三百年のイタリアの不幸な歴史はすっかり変っていたろうと思われる。

マキァヴェリはフィレンツェ市政府の使節としてローマのチェーザレのところに会いに行き、そこでうんと齢下のチェーザレにほれこんでしまった。その理由はこうだ。

チェーザレの部下の将軍たちが、謀反の企てをすすめていた。チェーザレはそれを知って首謀者三人に出頭を命じたのである。出頭したら殺されることは判っている。誰もが、三人は逃げるか、一致して起つだろうと思った。だが三人とも、のこのことやって来たのである。死を予期し、顔色を変えて。三人は自分の軍隊を持ち、遠く離れて陣していた。何でも出来たろうに、部下もつれずに殺されるためやって来た。正に蛇に見こまれた蛙である。三人の大将はいずれも音に聞えた悪漢ぞろい、その中の一人、オリヴェロットなどこの地上に人間が出現して以来の悪人だといって差支えない。かれは、可愛がって育ててくれた叔父のもとを出奔して野武士となった。そして叔父の城を訪問し、歓迎の宴を張ってくれた叔父をその席で夫婦もろともだまし討ちに殺し、その城をのっとって城主となった残忍極まる男として有名だった。それが蛇に見こまれた蛙のようにひきよせられて死ににやって来る。マキァヴェリは、目のあたり、それを見て、そこにすさまじいまでに神秘的なチェーザレのヴィルトゥー（能力）を感じとったのだ。

このチェーザレがロマーニアを征服したときのことである。マキァヴェリは君主は愛されるより怖れられよといった。その通りにチェーザレは実行している。兇暴で剛直なレミルロ・デ・オルコを司政官に任じ徹底的弾圧をやらした。有力な反抗指導者がみんな殺され、恐怖が全土に行きわたったのを見抜き、人民の恐怖が狂乱による暴動に至らぬまえ、チェーザレは自らロマーニアに乗りこんでレミルロを圧政の罪に問い、その斬殺死体を市民の前にさらした。新領主は正義の人だというよろこびと賞讃の声と、あれほどのすさまじい悪人をも平気で処分できるチェーザレに新しい畏怖が生まれたことはいうまでもない。

ことをなすに当っては、説得を聞かぬ反対者は断乎として抑えねばならぬ。すこしでも反対者と妥協したら、事の成功は極めて不充分なものになる。だが処分されたものが、反感を持ち続けると事はうまく行かなくなる。自分の将来にも害がある。やはり憎まれ役を他に作ることだ。

昔から美女は城を傾けるとか、犯罪のかげに女ありなどといわれる。一面の事実だが、「偉い人」の場合、女に罪をかぶせるという手段がとられたであろうことは充分察知できる。その演出者が誰かわからないほど、事は巧妙にはこばれたと見るべきだろう。美人というのには頭が良いのはすくないもので、丁度よい餌食だったことと思われる。

もっとも憎まれ役を買って出る人に対しては用心が肝要である。そういう人には立派な人もいるが、レミルロのように抜擢を感謝していると、あにはからんや自分の方が真の憎まれ役に擬せられていることが多い。事を決するに味方を糾合することのむつかしい一因でもある。もっともこの憎まれ役買いという芸当は奸智を極めた難しい行動のように見えて、私たちには案外の得意芸である。流行の勝海舟をはじめ、日本の歴史は大小はあれこういう人物で埋ってい るといってよい。やはりむつかしいのは平凡に見え、途方もない冷い心情に徹さねばならぬ憎まれ役作りの方であろう。私としてはその見事な遂行者は後白河法皇以外に見出すことはできないのである。

8

人間いかに生きるべきかということのために、現に人の生きている実態を見落してしまうようなものは、自分を保持するどころか、あっという間に破滅を思い知らされるのがおちである。

マキァヴェリ

かつての中国のいわゆる大躍進の時期だった。日本のある大新聞の著名な外国通信員が北京から南へ下る列車の窓から、露天に山のようにつまれた部品が続くのを見た。かれは涙を流して感激し、中国生産力の飛躍的発展つまり大躍進の成功を報じたのである。ところが、全く同じものを見た——おそらく同行したのだと思うが——フランスのベテラン記者は、それが長く野積みにされすぎているということを荷造り部分の汚損などから洞察した。それで生産がちぐはぐになっているのを見てとり、大躍進の前途多難なることを予見する記事を送った。結果ははっきりしている。大躍進はみじめなばかりの失敗だった。

日本のある有名な外交評論家は、日本の極東外交論を書きなぐって、中国外交の伸長と自由陣営の不利と没落を予言している。たしかに日本の外交はお世辞にも成功といえる部分はなく、みじめな失敗を重ねているけれど、実をいうと、その予言は今までのところ全部はずれているのである。

この二人は他国のことを判断しているのだから、その判断がはずれてもまだその被害は間接的である。それに二人とも日本の外交の責任者ではないし、幸いにして日本の外交はその意見に従わなかったためその点では損害はなかった。日本は言論には、はなはだ寛容な国民である。無茶をいっても、矛盾した意見を連発しても、予言が外れても、変節しても、世間は一向それを咎めない。現にこの二人は相変らずこのように心細いその評論を売りつづけているのだ。評論家の天国だといってもよい。あまりそんな意見が読まれないせいだという反論は当らない。大新聞のように何百万とよく読まれ、日本の世論をリードしているものが、ころころとその立場を変えても、何ともいわれないのだから不思議である。

だが、こと言論を離れ、個人、とりわけ実業界で、そんな見込ちがいをやったらえらいことになる。自分のまいた種は自分で刈らねばならぬ世界だからだ。破産会社と提携したり、製造能力も販売能力もない会社と共同生産したりしたらお仕舞である。詐欺男の連帯保証をひきうけたらどうなる。無能重役に粉骨して社内革新を志しては破滅するだけである。無力な組合を信頼して無茶なストをうって成功したためしはない。

新聞記者や評論家が見込ちがいをやるのは、現実を直視せず、対象に自分の理想像を投影したからだ。小説ではあるまいし、世間は夢を見る世界ではない。報道や評論も同じはずだ。女子供なら人間や社会をバラ色で眺めたり、灰色のガラスを通して見て大人の世界は汚れているなどと黄色い声をあげるのは御自由だが、その自由は自分が社会に責任を持たぬことによって与えられたものにすぎぬ。「お月様をとってくれろと泣く子かな」である。よい大人がそんなことをいったら気狂いとして隔離しなければ、人間社会を大阪方言でいう、わやにしてしまう。大人の資格は、現実をはっきり認識し、それを冷静に分析し、その上に論理を構築し、その論理に基づいて行動する勇気と能力を持つことによってはじめて獲得できるもののはずだ。

超美人で、文句のつけようがないグラマーで、献身的な愛情にあふれ、すばらしく頭がよく、教養豊かで、運動神経も発達、料理上手で整理整頓がうまく、芸術才能に秀でた、おとなしく従順な良家の女性で、いつまでも若々しく、たえず進歩する、そんな女性としか結婚しないと思いこんでいる男がいたら馬鹿に相違ない。誰かを、そんな女性と思いこんだとしたら、壮烈なる悲劇的喜劇を演じているすこし頭のおかしい男であろう。こんなことは誰でも判っていることだ。

ところが、こと社会や会社などの組織に対する観方となると、この日本では、すっかり様相が変って何か色眼鏡で見ることがきびしい立場であり、正義であり、清潔で偏りのない態度で、知的な人間のすることのように思われている。

人間の歴史百万年——今日では三百万年と見られている——、ホモ・サピエンス（現生人）になってからも数万年の経験がある。すくなくとも歴史時代以来知識の量はふえたけれど、人間の脳は変っていない。その人間があらゆる努力を払って立派な個人となり欠陥のない社会を作ろうと工夫して来た。そしてことごとくが失敗に終っているのである。長所を伸ばせば短所も大きくなる。短所を矯めれば長所が減る。篤農型人間は生産それ自体に対してはまじめだが、わがままで社会人としては落第人である。隠遁人間は清らかに見えるがエゴイストで怠けものだ。政治人は権力者であれ、反体制とか何とかを呼号して一見いかにも正義人のように見える人でも、要するに権力指向型人物で生ぐさい。学者は女性的で、評論家は口舌の徒で、ともに一人では何もできぬ臆病者である。経済人は利益第一主義者である。多少の出来、不出来はあるがおよそ人間というものの基本ラインはそういうものだ。理想的な完全具足人などいるはずがない。

社会でも同じこと。一糸乱れぬ秩序のある社会にはその裏に当然すさまじい弾圧がある。富める社会には腐敗の要素を必ず内在させる。貧乏社会にはひがみが支配する。

それが今日、急に理想社会が出現したり、完全な支配者や経営者が生れるはずがないではないか。

理想に向って努力するのはよいことだし、しなければならないことだが、それが実現するはずだと思いこんだり、完全社会がこの地上のどこかにあると信じたり、完全具足の人を現存人に求めたりすることは、当人にとっても、社会にとっても百害あって一利なしだ。

革命など、そういう男たちによって第一足を踏み出すことがあるかも知れないが、その功績を私たちは過大も過大、途方もなく立派に考えすぎる。さすがに現実の社会は見事なもので、そういうのは何かの形ですぐ否定してしまう。だからこそ人間社会は、ここまで存続し、繁栄して来たのである。

幕末の攘夷思想がその例だ。『夜明け前』の平田神学の盲信者である主人公の本陣の主の辿った運命は悲劇的かも知れないが当然の運命である。大西郷でさえもそうだ。かれが政権をとっていたら日本はとっくの昔にこの地上から姿を消していたろう。高杉は上海を一見するだけで攘夷思想を捨てている。明治は、例えば伊藤博文や山県のような二、三流の志士たちによって建設され、たしかに矮小化した。一流の真の人士は同様の狂信者とさしちがえて非命に倒れてしまっていた。しかし一流志士は、実はそうすることで明治日本を気狂いの手にわたし崩壊さすことを阻んでくれたのである。大きな犠牲だったが日本が近代国家という現実路線に乗るためには欠くことのできぬ条件でもあった。

現実の重要性から目をそらし、理想という美しいが無責任世界へにげこむ人間は、そんな人間をいだく組織もろともに社会から否定される。それを承知ならよろしい。決断は、この事実を肝に銘じた上でなされねばならない。

9

人はその出生によって差別を加えるべきではないが、
それ以上に年齢によって制限を加えてはならない。

マキァヴェリ

これはまた極めて当り前の教訓だが、マキァヴェリの生きたルネサンス末期は、中世封建社会の根強い老人支配と家柄の世界をやっと、ほんのすこし打破したと思ったら、百年ぐらいで、またもとにもどってしまった時である。現在の日本も老害の時代だ。なぜ、こうなるのか。その理由と対処法を充分考えないで、老人を罵るだけで終ったり、あるいは逆に、やたらに青年重役を作ったりするだけでは、失敗するか、何もできないのにきまっている。

戦争直後の日本は明るかった。今度の戦いで日本は人間の歴史の中でも、これ以上の完敗はないと思われるほどのみじめな敗け方をした。国中が焦土と化した。物資、とりわけ食糧は極度に欠乏し、国民全体は飢餓状態にあった。治安状況も悪かった。にも拘わらず、なぜ、あれほど明るかったのか。軍部の圧政が消滅したからか。いや、それだけだったら第一次、第二次大戦後のドイツと同じことだろう。しかし、ドイツでは途方もなく暗かったのである。

占領軍がやった善政のせいだともいえない。善政だろうが、民主制の進展だろうが、異国人、それも軍人の支配というものは、たまったものではないことは、すぐ国民も気がついた。にも拘わらずである。

その原因の大きな一つとして、占領行政の一つだけれど、追放がある。戦争を指導したと見られる人は、ことごとくその地位を追われた。

ことの善悪は今は問わない。結果としていえば、残った人は、ごくごく一部の反戦的指導者以外、指導的能力のない人か、戦争当時はまだ若くて、指導的地位につけなかった人々であった。若い人の時代が来たのである。考えて見られたい。今、会社で自分より上役になる人の半分が、それも能力ある人が、急にいなくなった。仲間でも体力あり有能な競争相手が、消滅したとする。しかも、その消滅に関し、自分は全く責任がなく、その消滅が会社の運営の過ちでなく、全然別次元の世界で不正として認定されたもので、自分の恩人だろうが、何だろうが、こちらが一切気にかける必要がないとしたら、人はどういう気分になるものか。壁がとれたという明るい気がしてくるのは当然であろう。

明治維新がそうだった。国の最高指導者たちは公卿出身者など例外をのぞき三十歳代の人間が大部分だった。より下の各部分の要職者たちはもちろんである。技術者でさえもそうだ。京都の疏水運河は京都にとってのみではなく日本全体から見ても全く新奇な大土木事業だったが、インクライン、水力発電など日本には全然未経験な技術をふくむその工事のすべては、東大工学部を卒業したばかりの二十歳を僅かに越える青年田辺朔郎の手にゆだねられたのだ。計画はかれの卒業論文による。老人にとっては無謀としか見えなかったであろう、こういう新しい企画は、若者によってのみ可能であり成功したものなのである。

もちろん若者にまかせたらすべてがうまくいくとはかぎらない。大失敗をやることもある。例えば日本を今度の大戦へ駆りたてたのは、これまた二十歳三十歳代の、「少壮軍人」の圧力であった。だから、この教訓はすべて若者がよい、いや、すべて老人がよいということではなく、若者を必ず登庸せよということでもない。年齢によって差別するなというだけのことである。

そんなことは、当り前だともいえる。そんな簡単な指令だけでなく、急速な展開や革新を必要とする仕事は若い人、慎重を要する事業は壮年者とか、老人は責任だけをとり、若い人を思う存分やらせるといったこまかな指示なら必要だが、と思われるかも知れぬ。実は私がこの項で指摘したかったことはこうだ。若い人を登庸するときには、そういう一般条件の外に、現在の日本の社会の持っている歴史的な特殊条件を充分考えることが不可欠だということである。この条件を正しく把握しないかぎり、どんなにうまく配慮したつもりでも若者登庸はうまくいかないのである。

日本人は古来ずっと子供や若者を信頼しない国である。若者も図に乗る度合が欧米人より激しい。一方権威を大切にする国民でもある。したがって若い人を重用するには、その組織以外のところで権威づけを受けた人か、新しく権威づけを受けさせる必要がある。かつての東大出身、高等文官試験というのがそうだった。留学もそう。社長の二世がうまくいくのもそうだ。現在は政府の保証とか大臣賞といったものの権威は著しく低くなっているので、こんなのはあまり役に立たぬ。最高の権威はマスコミだろう。そこで傑出した能力者だということを証明させるのである。

日本人は雲の上とか九重の奥とか、目に見えぬ壁でへだてられた人間に弱い。登庸する若い人には、そのような権威をバックにさせる。いささか詐欺漢めくが、えらい人のおとしだねだとか、途方もない有力者をバックに持っているというような噂がある人だと年齢的に「異常な」地位についても、むやみにさげすまれたり、変な反感をよびおこすことがなくなってしまう。もっと実質的な権威づけとしては、ちがう職場で神秘的にさえ見える能力を発揮し、その職場の苦境を救ったというような実績があれば申し分がない。

日本人は人の足をひっぱることには天才的な能力を持つ民族である。誰だって、どんな民族だって、自分を抜いてどんどん偉くなっていく奴に心からの好感を持つ人間はいない。だが邪魔だてのうまさというものにかけては日本人ほどの能力者は珍しいだろう。面従腹背、噂のまきちらし。一方、立身出世主義は悪で、手をつなぎあってともに戦うなどと、実は足のひっぱり合いを美化し正義化する思考を普及化するなど。出る杭はうたれるとの言葉がこれほど実感される国はまあ世界でも他にあるまい。

年齢による差別をしない。これは何かを目指し、組織を作り、組織を動かしていくときの基本条件である。意志決定には、その点すこしのためらいもあってはならない。だが、それをうまく運営するには至難の社会というのが日本なのである。それが一般化するのは明治維新のような稀な条件にめぐまれた時期だけに限られる。だが、これから先の日本は、その条件がないにも拘わらず、個人企業であれ、大きな組織であれ、若さを生かしていかねば崩壊の危機に直面することだろう。経験が殆んど物をいわず、独創性だけが効果を挙げる世界だからだ。この悪平等、一切の選別反対という全社会的な狂気の足のひっぱり合いの難関を突破し、若い能力を糾合していくには、マキァヴェリのいう「奸計」「計略」が不可欠なのである。

10

加害行為は一気にやってしまわなくてはならない。しかし恩賞は小出しにやらなくてはならない。それを人によりよく味わってもらうために。

マキァヴェリ

ふつう人はこの逆をやるものである。すこしでも反省心のある人は、自分の怒りや懲罰行為をいつもできるだけすくなく発現するように努力するものだ。だがそのような抑制は多くの場合かえって逆効果を生む。なぜなら人間というものは、感情を自由に統御できるほど生物として進化した存在ではない。だからそんなことをして見ても結局残された怒りを何度か爆発させることになる。そして、相手に、かえって大きな損害を与え、反抗心を植えつけてしまうのである。

一方恩賞を与えるときには、この自制心が働かない。働くのはケチ精神だけである。だから戦争でも何でも敵に勝ったり、困難を突破して歓喜した瞬間など、昂奮して惜しげもなく賞を与えてしまう。けれどそのとき与えないとその後は惜しくなって与えなくなる。あるいは、与えた金銭や土地や女などが本来的には自分に帰属するものだったなどと気がつき、とり返そうと試みる場合すら出て来る。征服地の住民の歓心を買おうとして減税など恩恵処置を試みたりするのもその例だ。あとでしまったと思い増税する。そんなことで、人々から恩恵を与えて憤懣と反抗を得るという結果になってしまうのである。

この馬鹿げたやり方で失敗をつづけたのは、戦国時代では佐々成政が典型だと思われる。かれは織田信長の武将で、柴田勝家と並んで豪勇を以て聞えていた。秀吉に反抗をつづけたが、その雄と才智を愛した秀吉によって許され、越中・越後、のちには熊本を中心とする肥後一帯の大領地を与えられた。だが、かれは国を治めると必ず失敗した。剛腹にまかせ、やたらに人材を登庸し、住民を甘やかし、思う通りにいかないと腹を立て弾圧に向ったからだ。そしてとうとう秀吉に亡ぼされてしまった。新征服地で、敵地住民の民心を獲得するのが一番うまかったのは明智光秀だろう。丹波・丹後の切り取りを命じられたときも、このうまさに疑い深いことで知られたこの地方の土豪たちも争って帰順してくるし、その後も反抗することはなかった。謀反人光秀という印象からは、ちょっと想像しにくい事実である。秀吉の人心収攬のうまさは有名だけれど、あの物惜しみせぬ太っ腹は競馬であてて人に奢るようなもの、悪くいえばはじめ領民からうんと召し上げたもので、到底永続できる条件は存在しなかった。ただかれは幸運にも領地・占領地を代ることができた。あとで来たものが貧乏くじをひいたということであろう。

光秀のうまさは、かれの怜悧さということもあるが、性格が幸したのだともいえる。若いころ逆境に立ち、ひどい貧乏ぐらしをしたせいもあるだろう。かれは人の恩情に感激深くなるとともに、ケチになっていたのである。だから恩賞を出さないではないが、出し惜み、自分で思い切ったつもりでも過少にすぎた。反省癖があるのでそれに気がつく。そして、結局はちびりちびりと追加して行くことになった。そのことがかえって人心収攬にプラスするという幸運を招いたのである。

その逆が主人の信長で、光秀に大領地をやりすぎ、あとでケチになって丹波・近江を没収し、光秀の謀反を招いてしまった。

これは私の戦場での経験である。何度も召集を受けた古強者だが、一種のやくざでどうにもならぬ怠け者がいた。かれは一種の職人気質を持ち、日本陸軍とは全く相容れなかったということもあったろう。それを知った大隊付の軍医さんが同情し、いろいろ面倒を見てやった。何しろ激戦につぐ激戦である。食糧弾薬も極度に乏しい。だからかれは二度も三度もこの軍医さんに命を救ってもらうという結果になった。十人のうち九人まで死んでしまうという世界だったからである。

ところで、軍医さんは一つの判定ミスをやっていたようである。職人気質というのは篤農家の精神と同じだ。欠点をいえば自閉的で、我儘で、一面利己的である。軍隊では一兵卒に軍医の恩を返す能力を持てる余地はない。しかし恩は感じざるを得ぬ。そのとき、どういう変化がかれに生じたか。一生軍医の方に足を向けて寝ないという気持になったとか、もし将来軍医の身に危難がふりかかったら、自分がその身代りになるという決心をしたとかいうのだったら、それは絵空事の世界である。かれは、軍医の側に自分に対し親切にしなければならなかった必然性がある、と信じこもうとしたのだ。というより、そういいふらすことで、自分の心の負担を軽減しようとしたのである。しゃばで自分は軍医の生命を何度も救ってやったのだから、この戦地で自分に多少目をかけるぐらいは当然のことだというわけだ。なるほど、そう戦友たちに釈明することで、自分が蒙る周辺の嫉妬の冷い目を多少はやわらげることもできよう。そういう副産物もある。そして、こういう二人の間の感じ方は、二人が奇蹟的にも無事揃って復員して帰って来てからも今日まで続いている。周辺もそういう目で見ている。つまらない目にあったのは、純粋な同情の気持からこの男を庇護した軍医さんである。周辺からやくざと因縁のある公務員の医師という、何とも変な目で見られる結果になったのである。

私たち日本人は、好意を持たれようとしてか、あるいはまともな気持からか、ともかく相手に「恩恵」を与えすぎるようだ。物質的にも、「労働」の上でも、気持の上でも。しかも困ったことには生活に余裕がないから、それが続かない。あとで妙なことになってしまう。

意志決定のとき、その難関の一つに、それが自分及び周辺に一時的にもせよ各種の損害をもたらしはしないか、というおそれの感情がある。失敗したときどうするか、という心配がある。そのことからも、できるだけ恩恵を早く多量に皆に分与したいとか、最初から「土産つき」でその仕事をはじめたいなどと考える。——結婚当初妻が働き尽しすぎ、夫がサーヴィスしすぎて続かないというのもその一変種だ。

だが、うまく行きすぎるという懸念を最初から持つという人は、まあいまい。うまく行きすぎるのは実は最大の難関なのだ。それが判ることが、意志決定の重要な条件になるのである。

人間は本来、ケチなものである。同時にそれを見せまいとすることも人間の本性なのだ。後者は第二次本性である。逆境に陥ったり、老人になったりしたときはもちろん、太っ腹さを持続することはむつかしい。ある病人が難病を直してくれた医者に千万円お礼しようと思った。一日ほどたつと二百万円でよいと思い、二カ月ほどたつと十万円でよかろうと思いだした。これではもう半年もすれば、お礼する気にならなくなるだろうと思って、十万円を差し出したという話がある。人は自分でどんな剛腹なつもりでいても、本性はおそろしくケチなものだ。そのことを充分反省して道を進まないかぎり、万事はすべてうまく結末しないであろう。

11

現実をあしざまに罵り、過去をたたえたり、未来に憧れたりするのは、あぶない欲求不満の人々である。

マキァヴェリ

人間の欲望は無限だが、それを実現し得る可能性の範囲は極めて乏しい。だから当然のこととして誰でもが現状不満である。自分に関しても、周辺に関しても。それが、しかし、すこし度の過ぎた人間は何事も決して成就できない。何かを破壊することはできるけれど、建設的な事業は一切無理である。そのような人間を多数参加させた組織はただ潰滅するだけで、何の成果ももたらすことはできないであろう。

とはいうものの、人が現状不満でつねに現状打破を目指していることから、あらゆる進歩が生れて来るのである。もし、真宗のいう「妙好人《みょうこうにん》」のように食うや食わずの貧困状態に置かれながら完全に現状肯定的で、ありのままの現実をすべて仏の意志として肯定し、ただ受取るだけの人で世の中が充満したなら、そこには平和だが永遠に何の変化もない社会ができ上ってしまうだけだろう。それだったら極楽浄土に相違ないけれど、そこの住民には生きる張りが全くないことになる。

だから現状不満そのものがいけないというのではない。自分の、そして人々の現状不満が本当の進歩と建設をもたらすものなのか、単なる妨害者、破壊者で終るものなのか区別することが重要だということなのである。その区別をするためには一つのはかりがある。

昔の諺に、「棒ほど願って針ほど叶う」というのがある。この諺の真の意味を、ただ理性的にではなく、身体全体で知っているもの、つまり体得している人間なら建設へ参加できるのだ。では、そういう体得ができた人間か、できていない人間かをどうして見わけるのか。自分自身の反省をふくめてである。

その診断は被害妄想狂ないしはヒポコンデリーか否かという精神病の判断に準じたらよい。当人に不満の具体的内容をいわせて見る。それが、たとえばベトナム戦争がけしからん、すぐ平和をといった風の全く自分の直接環境と関係のないものに限られるとする。この場合、アメリカ軍に水爆を千発も落させ無人の境にしての平和なのか、北ベトナムに勝たせサイゴン政権を倒しての平和なのか、そういう具体的意見が全くない「純情」な女子高校生のようであっても構わない。ただのセンチメンタリズムで教えられた通りに感じ、何者かに命じられた通り思考し、行動している、そんな人々は幼稚で全然頼りにはならず、煽動によって動く条件によっては危険な愚かしい存在だが、それ自体は別に破壊者的ヒポコンデリーではない。だが、もしそのような自分にとって実体のないものを、自分の周辺現象と短絡させる傾向があったら、それは危険である。というと難しそうだが、例えばこうだ。「バター・イエロー」による食料品の着色は日本人を根絶しようとするアメリカ帝国主義の陰謀だ」などといわれれば何だかおかしいとは誰も気がつく。そんなのは煽動屋だということは子供でも判る。しかし、「国民の一斉健康診断は体制による国民の健康管理で、徴兵制の準備をはじめたことを意味する」という先生の意見は総合雑誌などに堂々と論文として通っている。これがヒポコンデリー現象なのである。そういう人を観察していただきたい。どこかにひどい病的な劣等意識を内在させているから。

誰でもすぐおかしいと判る「風吹けば桶屋が儲かる」論を一所懸命に説く人間もおかしいと考えてよい。「GNPは自由世界第二位なのに国民個人所得は二十位というのは日本社会のひずみを示す」という人は、劣等意識が被害妄想すれすれの危いところにいる。GNPと個人所得の算出法に全く無知なことから来る結論だが、問題はそういう短絡の仕方だ。単に知識の不足のせいとはいえない。性格である。だからこういう人は、それは間違いである理由を説明しても納得せず、必ず、「そりゃそうかも知れないが、でも日本が歪んでいることは確かだ」と反論を試みるからである。

マキァヴェリのこの指摘は、すこし意外に思われるかも知れないが、チーム作りに当ってまず排除すべき人の認定の仕方を教えるものである。自分も反省してみて、自分がもしそういう人間であったら事の成就はまあ諦めた方がよい。何度も断っておくが、これは建設的な仕事の場合である。ぶちこわしのときはこういうのを利用する方が有利かも知れない。狂人に刃物というのは殺傷の危険があるからだが、人をやっつけるなら狂人を使い刃物を持たせるのはたしかに名案であろう。

懐古趣味に淫している人が駄目なのはわかる。SF的世界に逃げこむことを目的としている人間に、実行力がないことも判る。しかし、たとえば明治維新の志士の復古主義、ルネサンス時代の古典主義者はどうなのかとも反論されるかも知れない。

——職業人、たとえば歴史家などは別である。こんなのは毒にも薬にもならない——。夢中の行動的復古主義者はみんな古い制度をぶっこわすことに役立ったにすぎぬ。藤村の『夜明け前』が示しているように、平田神学の狂信者の本陣の主は明治政府が自分の希望とは全くちがった方向に進んで行くのを見て気が狂ってしまう。しかし誰からも相手にされない。そういうものだ。明治政府のとった道が唯一の正しい道だったかどうかは議論の分れるところだが、かりにどんな方向へ明治政府が進んだにせよ、それが民族国家の成立発展という当時の世界史の発展に応じる建設的なものであったなら、復古主義の信者たちはやっぱり全部排除されたことであろう。「狡兎死して走狗烹《に》らる」という言葉は、こういう場合をもふくんでいるのである。

建設には当然破壊工作もふくまれる。そのためには、こういう未来・過去への狂信者を利用するのはいい。ただ、その場合、破壊目的が達成された段階で、どのように、こういう人を排除するかを、あらかじめ計画しておく必要がある。前にもふれたが、そういう連中に行き過ぎ行為をさせ、処断ということで、バッサリやってしまうのもえげつないが一策ではある。のたれ死にさせるという方法も考えられる。そのときになって「狂気」というレッテルをはる工夫もある。——走狗は烹られる危険がある——。

一方国の中で、会社の中で、要するに組織の中で何かをしようとするとき、仲間づくりが必要だが、その仲間に組入れられない連中からいろいろ「妨害」行為が出ることを覚悟もしておかねばならぬ。そしてある段階でそういう妨害を排除する行動が必要になるが、そのとき、断乎として倒さねばならないのが、この過去・未来の狂信者なのだ。かりにその妨害が老婆心や好意からのものであってもである。信長は過去の亡霊の根拠地比叡山の延暦寺を焼いたが、その際、一山の僧侶は善悪を問わず、「玉石ともに」くだいた。学僧・善僧がいるからこそ、この邪悪の巣が生きのびたという訳だ。たしかに全部殺しつくさねば新時代の基盤は作れなかったろう。戦国時代ではあるまいし、現在別に殺すことはないけれど、亡霊を覆滅しつくさねば、建設は不可能だということは悟らねばならない。

現状不満は発展へのエネルギー源だが、被害妄想的な現状敵視は破壊にしか役立たぬ。どちらに属する人間かという区別は学生などでは一見してわかるが、すこし年齢がいった人に対する判定はむつかしい。過去・未来への熱中者がそれだという図式は意外に思われるかも知れないが、それが実はこの被害妄想ないしはヒポコンデリー的人間の年の功によるメッキであることが多いからである。自他ともに戒心が必要なところだろう。

12

自分に触れ自分の真実を知っている人は少数しかいないが、そういう人々でさえ、外見だけでしか判断しようとしない大衆の意見にあえて反対はしないものである。

マキァヴェリ

知己に期待することなかれ。これは君主に対する忠言であるけれど、別に君主だけではなく、すこしでも人の長の立場にある人、ないしは指導的人間になろうと欲する人が胆に銘じておくべき言葉であろう。

明智光秀の謀反は悲惨な結果に終った。徳川政権は秀吉に関する事象をすべて悪く解釈することに全力を挙げた。秀吉方の人間はみんな、歴史評価の上で大変損をしている。ところが信長に関するかぎりそうではない。だから光秀は信長を倒して悪名を得、秀吉と戦って同情されているのだからプラス・マイナス・ゼロ、評価はバランスを得ているはず。それに光秀の謀臣、斎藤利三《としみつ》の娘が家光の乳母として権勢を振った春日局である。主殺しは忌避されていたとはいえ、戦国時代は、主殺しから親殺し兄殺しなど当り前のことだった。だから徳川時代には光秀に同情的で光秀が叛いたのは、よほどの事情があったとして、信長の虐待ぶりを、これでもかこれでもかという風に語り伝えている。つまり作り上げている。

にもかかわらず、光秀の挙兵謀反後の暗さというものは、さすがの徳川時代の史家たちもどう隠しようもないほどひどいものだった。

信長を討ったとき、光秀が自分を理解してくれるであろうと信じて疑わなかった二人の友人がいる。細川藤孝と筒井順慶である。藤孝は幕府の旧臣であり、光秀は浪々の最中、藤孝と知己になり、奈良の寺で僧侶になっていた義昭を脱出、還俗させ、あらゆる苦心を払って遂に信長の助力のもとに義昭を将軍につけることに成功した。その義昭が信長にそむいたときなど、この二人がなめた心労は筆舌につくし難いものだったろう。しかも藤孝の嫡子忠興《ただおき》は光秀の娘のちのガラシャを正室に迎え、それを溺愛している。光秀が何者といえどもさくことがないであろう友情を信じたのは当然だといえよう。

だが、宮津の城にあった藤孝は再三の願いにもかかわらず、光秀に味方しなかった。秀吉についたというのではないが、ちゃんと連絡はしている。

筒井順慶も姻戚関係にあり、光秀の庇護の大きかった男である。信長とはうまくいってはいなかった。味方に馳せ参じるのが当り前の立場である。

このような人でさえ光秀を裏切った。なぜか。光秀が無能だったからではない。数多い信長の部将の中でも教養、軍学の知識、戦争能力、治世の手腕、その他全般的に光秀はもっとも傑出していた。かれに匹敵し得たのは秀吉ぐらいのものだろう。素性も名家の出身である。欠点といえば人間がやや暗く、信長の武将中では新参者だというにすぎぬ。後者の点から見れば新参の足軽出身で風貌の上らぬ秀吉などくらべものにならぬ。暗さでいえば家康などひどいものだった。そのことは藤孝も順慶も充分知っていた。しかも味方しなかったのだ。

光秀は大気者であることを証明しようとしてしきりに金銭をばらまき、租税を免じ、賑かな行事を催そうとした。だが誰もついて来なかった。「公卿たちはまるで唖になったようだ」と当時の伝聞は記している。みんな息をのんで次の事態を待ちうけていたのである。そのことを順慶も藤孝も察し、そして大衆の側、つまり大勢の側についたのだ。

秀吉が勝ったとき、柴田勝家、家康、滝川一益ら容易ならぬ敵が残り、政権の前途は容易に決しがたかったにもかかわらず、こんなことには決してならなかった。かれの周辺は沸き立つような賑かさになった。なぜか。公卿や大名たちに先見の明があったとはいえない。そんな連中は稀だった。民衆が沸き立ってしまい、それにひきずられたからだ。

くどい追究になるが、別に民衆の叡智といったものではない。大義名分があったということよりはるか以上にどう伝わったか、ともかく秀吉という人間の陽性さによって沸いてしまったのである。とたんにみんなついて来たのだ。

指導者だとか、文化人だとか、いわゆるエリートたちは、自分自身を自分自身の判断で決定して行く人間のように思われている。だが事実はその逆だ。たしかに、かれらは大衆よりはるかに多くの情報を持っている。大衆には絶対知られることのない情報も得ている。だが情報をより多く持っていることは、より正確な決断とより断乎とした行動をとる結果を生むことになるだろうか。

正反対である。人間はそんな上等な頭脳を持っていない。アメリカ人やその反対の社会主義理論に共通した根本的な誤りは人間を高く評価しすぎるところにある。そういう誤認というより願望の上に、どんな精密な理論や正義や道徳をうち立てたって、その誤りを増大させていくだけのことだ。中国やソ連やアメリカの社会が、前二者があらゆる密告とスパイ組織と秘密裁判の上に、後者が偽善と迷いの上に成立っていることは充分認識する必要があろう。情報を余りに多く持つことは不決断と迷いに直結するのである。

それに管理や支配指導の立場にある人は、もし行動を誤れば失うものを多く持っている。失うものを持たず、ただどちらの道が獲物が多いかを判断するだけの大衆の方がずっと決断しやすい。大衆はたやすく判断し行動する。もちろん、その判断が、判断の時点で正当だったかどうかははなはだ疑問だ。だが、指導的立場の人々がそちらの方へなだれて行くことによって、大衆の判断と行動を正当化してしまうのである。すこし歴史を正しく見ればその通りになっている。マルキストが常に大衆が正しいといっているのは大間違いだが、みんなが、よってたかって正しくしてしまうということなら、間違いとはいえないだろう。公害問題でも、外交でも、新聞の反応とさらにそれにつづく識者の反応を注意して見られたい。三島由紀夫事件に対し、最初罵ったマスコミや政治家や識者がどういう風に反応していったかを観察されたい。左派も右派も識者というのは自分たちの派、つまり群の先頭に立って導こうとはしない。群の動向をうかがい、それについて後方から煽っているだけのことである。

知己は信ずべく信じ難い。だが、信じ難いといって、俺は孤独とか、人生は……などと泣声を出すことはない。知己を頼り得、信じ得るものとするのは、相手でなくして自分の意志と能力にかかっているからである。

決断を下すとき、変転し激動する周辺をしかと見定め、流れの本質を直観し、それに身を投じなければならぬ。本当の流れにそわぬかぎり、いかなることも成功しない。知人をあてにして無謀な行動をおこし、誰もついて来ないといってすこしの間ならうそぶくことは可能だが、それはうそぶいているのではなく、ひかれ者の小唄をうたっているにすぎぬ。とにもかくにも意志決定に際し、知己の援助や協力を希望的に観測し、それに期待するのは失敗の最大原因、もっとももつつしむべき事柄なのである。

## 13

# 無理強いされた約束は守る必要はない。

マキァヴェリ

ローマの執政官スプリニウス・ポスツミウスはサムニウムとの戦いにやぶれ、武器は全部とりあげられ、ローマの代表者として屈辱極まる約束をしてローマに帰って来た。

このままでいけばスプリニウスの政治的生命は終るところである。いや、政治的生命どころの騒ぎではない、本当の命さえ危なかったかも知れない。

ところが実際はそうでなかった。スプリニウスは自ら元老院に出廷して訴えた。「こんな和平条約は守る必要はない。それは無理強いされた結果だ。自分はローマの全権代理でも何でもない。単なる一軍の将たるにすぎぬ。そう自分は主張したにもかかわらず、敵は無理やり、全面的和平条約を強いたのだ。そんな約束にローマが拘束される必要は毛頭ない。その責任はそういう条約を結んだ自分と自分の幕僚だけが負うべきだ。ローマは私たちを捕え、サムニウム人にひきわたしたらよい」と主張したのである。それは自分が屈服したのは命が惜しいからではない。部下将兵を救うためだったという主張にもなる。見事ないい分といえよう。

元老院は結局その意見に同意した。スプリニウスとその側近とを捕え、サムニウムに送り、同時に、かれの結んだ協約は全部御破算にすると通告した。

ここでマキァヴェリによれば運命の女神はスプリニウスにほほえみかけたのだ。その勇気に感じたサムニウム人はスプリニウスを捕えておかず、礼を以てローマに送りかえしたのである。

かれはローマ人から凱旋将軍以上の栄誉を以てむくいられた。

私たちは明治以来、ヨーロッパの近代文明を受容し、政治と社会を近代化することに全力を挙げて来た。第二次大戦前にその路線に対する反撥がおこり、超国家主義へと暴走して大戦へと突入するに至ったのだが、ここで惨憺たる敗北を喫し、アメリカの占領下に入ることによって、前より遥かに徹底した近代化路線を歩むことになった。要するにいわばこの百年、私たちは懸命に欧米化、つまり近代化して来たといえる。

しかし、私たちが真似て来たヨーロッパはフランス革命後のヨーロッパである。私たちはその近代を生み出した地下の根とは無関係だった。日本の近代化は、だから、まだ着物、せいぜい肌着ぐらいのところで肉体化するまでには至っていない。

近代社会における人間の結合の基本である契約についても同様である。私たちは結んだ契約を守ることが、近代社会成立のための絶対的な前提と教えられ、その通りに信じ、実行している。

たしかに会社経営、販売その他の契約は実行されている。たとえば納期がおくれたりすることなど、日本に今尚強く残っている非合理な封建制の遺風のためであり一刻も早く脱却すべきことと主張されているのである。

ところで政治的側面はどうだろう。議員の公約は、約という文字が示す通り、書面こそかわさないが、公衆の面前、ヨーロッパでいえば神の御前で、もし私が当選したら必ず実行するということで議員候補者が選挙民との間に結んだ契約である。だが、それが実行されたことが一体どれだけあることだろう。国際条約だって同様である。今度の戦争で日本は原爆とソ連の侵入でとどめを刺されたことになったが、このソ連の満州侵略はいうまでもなく日ソ不可侵条約違反である。かつてのロシア帝国は自分が結んだ国際条約や協定を一方的に破棄することで札つきの国だった。破るために結ぶのではないかといわれたほど、守り続けた条約は稀である。ソ連もその点見事な後継者だ。ポーランド、フィンランドへの侵入、ルーマニア、日本などの領土奪取、すべて契約違反だ。

政治は経済より遥かに非合理な性格を持っている。組合など政治闘争をやる場合、ないしは政治がからんで来た場合、その行動が突如として非合理的で、狂気をはらむものとなり、指導者に「おかしな人間」が選ばれるのも、そのことを物語っている。

私が、日本人は近代社会の根を知らない、枝葉だけを知っているというのはここである。たしかに契約は守らねばならない。それは当然のことだが、それだけしか知らないのをイミテーション近代主義者という。契約は、正にマキァヴェリが教える通り、破られる場合も、破ってよい場合もあるのだ。ただ、そこに条件がある。

日本の明治の法律には決闘の条項がない。ヨーロッパでは最近まであった。明治憲法も当時政府顧問だったフランス人ボアソナードの草案には入れてあったのを、山県だとか伊藤だとかが、決闘という習慣は日本には存在しなかったからといって省いてしまったのである。なるほど武士は存在し、武士道があったけれど、騎士とは不可分な決闘というものはなかったようだ。

交渉にはあくまで合理的手段をつくす。争いも法律にもとづいてやる。契約も断じて守る。だが、そこは人間のこと、そう完全にはいかない。法律がすべてを網羅しているとは限らない。妻を寝取られた場合などそうである。そんなとき最後の決を定めるものとして決闘があったのだ。法律的にも、手続き、立会人などの条項が定められていたのである。

破棄の条件とはこの決闘にかかわる。「法律は破りました。破棄してもよろしいが、その代り、見事に居直らなければならないのである。」でも、法律さんよ、私は守ってくれ。法治の民主国として人権の保護を」といった現在学生のような甘ったれは許されないのだ。

無茶な環境のもとに、脅迫や詐欺などによって結んだ契約は破っても毫も差支えない。むしろ破るべきだ。これがヨーロッパの近代の根である。その根を知らないところに日本人の誤謬も、甘えも、責任転嫁も、偽善も、あらゆる近代的悪徳が存在するのである。今度の戦争で、日本がソ連に、英米との間をとり持ってもらおうと申し入れ、弱点を見すかされて満州への侵略を以て酬いられたことなど、悲劇でも何でもない。単なる喜劇であるに過ぎぬ。大学騒動で、教授が学生から、「お前は約束したじゃないか。確認書に署名したじゃないか。今更なんだ。それでも学者か」などとたたみこまれて、オタオタしているのも同種の喜劇である。あらゆる脅迫にもかかわらず、断じて署名しないか、あるいはじゃんじゃん署名し、約束して、本質的な居直りによって見事にそれを破棄するか、どちらかだ。あちらへフラフラ、こちらへフラフラするから窮地に陥り、双方から軽蔑されるだけのこととなる。契約を破る必要がある場合もある。破る能力なしには契約は結ぶ資格がないのだ。契約の意志決定には、それを敢えてやれる意志力がまず必要なのである。

# 14

# 亡命中の人間の言葉を信じるほど危険なことはない。

マキァヴェリ

アレキサンドロス大王の叔父のエペイロス王に対し、亡命中のルカニア人が自分たちが手助けしてイタリア全土を手に入れられるようにしてあげよう、それは可能だとふきこんだ。王はこれを信じイタリアに軍を進めたのだが、この亡命者の手にかかって死んでしまったのである。どういうことなのか。実はルカニアの支配者が自国の亡命者にエペイロス王を殺せ、そうすれば帰国を許してやると約束した。それを狙った亡命者たちに王はまんまとだまされてしまったのである。

マキァヴェリはこの例を挙げ、亡命者に初めから、だます意志があろうがなかろうが、ともかく彼らの言葉を信じてはならない、亡命者のふりまわす信義とか約束などは反古に等しいものであることを知らなければならない、このことは国家統治の任に当る支配者が毎日のように当面しなければならぬ課題なのだと助言しているのだ。

日本では亡命者どころか、ベトナムの脱走兵など——私の経験によれば亡命者とちがい、戦闘からの脱走というのは人非人的性格を持たぬかぎり容易にできるものではない。全滅戦は別だが——を有難がって三拝九拝している。その語っていることを真実としアメリカを攻撃している。国際オンチというべきだろう。

日本につぐ国際オンチ国アメリカでは、ケネディ大統領がマキァヴェリがもっともいましめている失敗の模範ともいうべき愚挙をやらかした。キューバからの亡命者の言葉をそのまま受けとったのだ。キューバにはカストロの新政権に反対のものが極めて多く、政情は不安定だ。ごく僅かの兵力を送ればみんな一斉に立ち上るだろう。新政権覆滅は簡単だ云々。ケネディはまともにそれを信じこみ、そのぐらいのことで大成果が得られるならと「解放戦」にのり出した。大失敗だった。成果どころか世界中からの笑いものになった。笑いものだけではすまない。カストロを助けようとするソ連と正に一触即発の危機、人類の全部を滅亡させかねない全面戦争のほんの一歩手前まで行った（一九六二年のキューバ危機）。しかし、かれがマキァヴェリの痛切な、真情をこめたこの文字に接し、それを理解していたら、あんなへまはやらなかったに相違ない。

似たようなことが、いわゆる日華事変についてもいえる。昭和十二年七月蘆溝橋事件がおこったとき、近衛政府は外務官僚を基盤にはっきり不拡大方針をとっていた。それが軍に押し切られたのは、もちろん軍の強行ということもある。それにしても、いかに日本陸軍が無謀とはいえ、全くの成算なしに事を始めるという訳のものでもない。奥地で合法的、非合法的に各種の調査に当っていた陸軍の情報関係者の意見が、国民政府は倒し得る、すくなくとも軍事圧力で簡単に屈服させ得ると報告していた。一方外務省筋の入手した情報は、国民国家の形成期で民族意識も強く、容易な敵ではないということだった。しかし、そんなのは背広で都会の社交界や印刷物にしか接しない役人のうすっぺらの表面情報だ。何年も奥地に入りこみ、中国の実情を知りぬいている陸軍の情報とは比較にならない。そういうことで、政府の意見など全く問題にされなかったのである。

結果は逆だった。政府の情報が正しかったというわけではない。陸軍の得た情報というのはたしかに裏面の、いわゆる真相物だったが、かれらが酒席の間に接した相手は、多くは新政権からドロップ・アウトした連中だった。そういう不平居士のいいかげんな話に乗せられていたのである。

だからこのいましめは別に亡命者に限らない。今日では亡命者にもいろいろある。むしろ広くいって脱落分子・落伍者に関するものと考えればよい。脱落といっても脱退者ではない。おちこぼれた人間のことだ。何か事をなすとき、こういう連中のいうことを信じては駄目なのである。

もちろん脱落者が無能力者というわけではない。逆に、羽ぶりを利かせている連中が有能ときまっているわけのものでもない。酒場での批判や悪口がみんな根も葉もない嘘ばかりというはずのものでもない。だが脱落者の意見というのは、悲憤慷慨、いかにも正義漢らしくも見える。策謀にたけた人間のものとも見える。能力があるがゆえに悲運に泣いているように見える。

だが、それは正にそう見えるだけなのだ。それに私たちは判官びいきである。結局、脱落者を無闇と高く評価してしまうことになる。ベトナムの脱走兵が、苦労して送りこんだスウェーデンで何をしているか、考えて見るがよい。怠惰と無能と臆病が脱走させた殆んどの原因なのを、すべて社会正義感と反戦の志のためにと考えるところに間違いがあるのだ。考えるだけなら、いくら勝手にそう思っても差支えないけれど、かれらと一緒に何かしようとしたり、脱落者のもたらす情報を基盤に行動しようとするとき、この評価の間違いは命とりとなる。自己の精神の堕落をも招きよせる。

信長も秀吉も家康も、「亡命者」、謀反人、内通者の意見はよく徴した。だが、かれらが成功者として残ったのは、その意見の裏づけを取ったからである。細作《さいさく》（間諜）を使い、そういう連中の相手側陣営における信頼度を充分以上にたしかめた。かれらの情報と、こちらで得た情報とを照合し、一致しないかぎり動かなかった。

弱きを助け、強きをくじくのはただ仁侠道の看板だけでなく、現実世界ではすべて「残念ながら」絵空事である。強きを助け、弱きをくじかぬかぎり、事はうまくいかない。ただ「強き」と「弱き」を現在値において考えると、単なる迎合者になってしまうというだけのことである。弱きとは知能、意志力、忍耐力、決断力、信頼性のどこかが致命的に欠けた人間のことであり、逃亡者、脱落者の九十パーセントまではそういう人なのだ。レッテルで人間を判断してはいけないけれど、しかし、このドロップ・アウト人というレッテルは、一流大学卒とかイデオロギーのメッカとか、酒場でかれの洩らす真相とかよりはるかに信頼度が高い。ともあれ、それはかなり人物眼ある人々の総合的な判断の結果だからである。現在の日本で、能あり立派な人間がドロップ・アウトしたままということはあり得ない。学歴がないから、ひきがないから、絶対駄目ということもあり得ない。もちろん多少の損得はあるが、殆んどはどこかまでいっている。ダメなのはダメだからである。ゆめそのダメなのと一蓮托生という気にならないように。

15

真の味方は武器をとって立ち上れと要求し、敵は中立をすすめるものだ。だが、おろかな君主はたいてい中立を守り、身を亡ぼしてしまう。

マキァヴェリ

この主張をマキァヴェリは比較的単純に説明している。はじめに断っておくが、この主張は弱者に向っていっているのである。ライオンがうさぎと狸の争いに組する必要はない。私がこの意見をとり上げたのは、日本人は国においても弱者だし、個人としても自分自身で戦うのでなく、どちら側につくかという決断と意志決定をすることが切実な運命の分岐点になるような人間が多いからである。

戦いはどちらかの勝利に終る。マキァヴェリはいう。そのとき、「中立者たるあなたはかならず勝利者の餌食になる。それどころか敗北者の鬱憤ばらしや、溜飲《りゅういん》をさげる種にもなってしまう。そしてその場合、自分を守ろうにも名分は成り立たず、かくまい、庇護してくれる人もなくなってしまう。というのは、勝利者は逆境のときに助けにならないようなあやしげな者を味方にもちたがらないからであり、他方敗者の側も、進んで武器をとり自分の運命を賭けようとしなかったものを、受け入れようとはしないからである」。

こんなことを今いうのは、現在の世界の国際情勢と日本の国内の世論の動向との両方を併せ考えるとき、かなり勇気がいる。マキァヴェリの活躍中のフィレンツェでも同様だった。この国は列強の争いの渦中にあってイタリアの統一の道も目ざさず、国内の敵たちを競争者と見てその攻撃に努力し、列強に対しては中立主義をとり、列強の鋒先を国内の自分の敵に向けようという策謀に全力をあげていた。だからマキァヴェリは罵られ、こんな提案は一顧だにされなかった。おかげでその後のフィレンツェはもちろん、イタリア全土が戦場となり荒廃の一途をたどることになるのである。内紛というものは本来、そのような道をたどるという公算が極めて大だろう。

といって、私はここで国家論をやろうとするのではない。現実の日本内部についての意志決定の場合の参考にするため、この言葉を挙げたのだ。もうすこし考えてみよう。

中立を守れというのは、争っている両陣営からではなく、時には第三者の身上相談的な意見として出て来る。そこで自分がそういう立場に立たされたときの心構えである。自分が休まず、おくれず、働かずで、ともかく家庭の幸福や趣味への沈澱を志しているなら、中立者から俺と同じようにせよというこの忠告を守っておいた方がよいだろう。ただ、そういう中立者は上司だろうが、先輩だろうが、無気力者か、社外活動者であることが多い。まずその人の日々の生活をよく観察し、その人が人生を楽しんでいるかいないかをよく考える必要がある。バーなどで荒れるような無気力人間だったら、そのすすめにしたがうことは、自分もその道を辿ることになろう。関ヶ原の戦いのあと黒田孝高は九州から京へのぼった。旅宿へは人が訪ねて来て門前市をなした。孝高は豊前の中津にあって大いにあばれまわり、家康を裏から援助した。子供の長政は関ヶ原で大功をたて大大名になろうとしている。それにあやかろうとしてだろう。だが孝高は子供の長政を馬鹿よばわりした。家康を助けたから早く片づきすぎた。もうすこし戦乱を長びかせ浪人に職を与えるものだというのである。

そこへ山名禅高が現われ、忠告した。「家康はうたぐり深い人だ。あなたが大名たちと夜おそくまで密談したり、とりわけ家康の次男で秀吉の養子だった秀康と話されるのは面白くありませんよ」と。孝高は、「おれは秀吉が死んだとき天下を狙ったのだ。家康を亡ぼすのは難事とは思えない。だが歳をとったので諦めて国をすて、単身京へのぼって来た。それなのに臆病者がいろいろ噂をたてる。あなたもそれを信じるか。人間はあちこち気をまわさず平気でいることが必要なのだ。あんたはそんな調子だから国を失ったんだ」とまくしたてた。禅高は声もなく赤面する一方だった。

これは孝高の気概を示す言葉だ。その反面、家康にはもう対抗する気なしということを示し、同時に家康にあんたが天下をとろうとするのは当り前のことという側面援助の言葉でもある。容易ならぬ見事な発言だが、ここで私のいおうとするところは別にある。

山名禅高は鳥取城の城主で秀吉の中国攻めのとき投降したのだが、かつては「七分の一殿」――日本の七分の一を領する――といわれた大家だった。それが無気力のせいで秀吉の御伽衆となり、名家好きの家康から七千余石を与えられて満足するまでに落ちぶれた。孝高はそんな情ない一生しか送れぬ人間がこのおれに、とおこったのであろう。現在だったら中立しかとれないこの禅高など一石ももらえぬはずである。美貌の娘を秀吉に売って生きていた男とさえいわれるからだ。中立主義で気楽に生きられることもなくはないが、すべての人の軽侮の目に平然と耐える能力だけは持っていなければならない。

さて、「味方をする」にしても、決断するにはいろいろ考えなければならないことがある。倫理観で行動するなら、どうなっても愚痴をいわない決意が必要である。日本人ほど愚痴をいい合い、お互いにそれで慰め合っている民族は珍しい。愚痴は反逆でも抵抗でもない。そういう発言を許している社会を「女のくさったような」社会という。現在、私たちはすこしぐらいその不潔さを反省してもよいときである。

負けても、負けた方が立派な人間ないしは集団であるかぎり、そう心配はいらない。「負けた方だって力のかぎり、あなたを声援してくれる。あなたと運命をともに分ちあえる同行者となってくれる。運がふたたびめぐってくることもあろう」からである。

ただ味方する場合考えなければならないことがある。その相手と自分の力の差だ。圧倒的に自分より強いものの味方をしても何もならない。相手は別に恩にも何にも感じないだろう。そして勝つことでより力を得た相手は、こんどは協力者に対し臣従を求めるだけだ。それはわざわざ相手に捕虜になりに行くようなものである。負けた方にしたら、今度はその復讐の鋒先を弱い方、つまり自分の方に向けてくるにきまっている。味方をしてよい場合は、相手が自分を必要とし、しかも自分が味方に加わることによって勝てる場合である。もっともそれぐらいの力量が自分にないときは、中立をとれの、味方をしてくれのと誰もいって来ないだろう。ついでにいっておこう。誰もそういう争いに自分をまきこみに来ない、人徳があるせいだ、正義漢のせいだなどとうぬぼれてはいけない。要するにあなたは無視されているに過ぎないのである。

16

忠臣の使いを稽留し、その事を聴くなく、すみやかに代をおくをなさしめ、おくるに誠事をもってし、親しみてこれを信ずれば、その君まさにまたこれに合わんとす。まことによくこれを厳にせば、国すなわち謀るべし。

六韜文伐篇その五

これまではマキァヴェリ先生の言葉をひいて来た。一人のものだけを使っていると、すこし一本調子になるおそれがある。これからはときどき中国の戦略戦術の古典である『韓非子』や『孫子』や『呉子』や『尉繚子《うつりょうし》』や、それに著者ははっきりしないが、『六韜《りくとう》』や『三略』の言葉をひいて見よう。

それらの解釈は、大体日本の権威ある説にしたがうけれど、私流の意見もはっきり打ち出すことにする。というのは、日本人は漢字に対する一種の先入観を持っている。漢文文化はいさましく、すがすがしく、直截で、剛毅であり、ひらがな文化は女性的と考えているようだ。古典などとりわけそう見られている。確かにそういう点はあるけれど、しかし中国にも文弱人は無数にいたわけだ。そして人々の執念深さや粘着力や陰険さなども超大国だけに日本人とは比較を絶している。私は漢文を読むときは、まずこのような先入観を排することが必要だと思っているのである。

さてこの文章はなかなか難しい。この文章は文伐篇から引いたものだが、文伐というのは戦わないで、つまり外交や謀略などで敵国をやっつける方法で、その十二法の中のこれは第五の方法である。

敵国から忠臣・賢臣が外交使者としてやって来たときは、相手の意見をきかず、のんべんだらりと交渉を長びかせ、敵国をイライラさせて交代の使者を来させるようにする。この交代の使者に対しては、友好的態度をとって交渉を成立させる。敵国の君主は、前の使者より、この使者を信頼するようになるだろう。これを厳密にやっていると敵国を見事に謀略にかけ、やっつけることができる。そういう内容だ。

ところで、この文章の意味を理解するためには、もうすこしつっこんで考えねばならないところがある。あとで来た交代の使者というのは、何の形容もついていないが、あせって送りこむような使者は忠臣の意見に反対する不忠臣か、あまり賢くないか、功名にあせったり、権力欲にとりつかれた小人か、ともかく上等のものではないということは自明の前提になっている。その点を読みこまねばならない。君主がこんな安物を信頼し、賢臣忠臣をしりぞけるようになったら、占めたものだということである。

ついでながらいっておくと、中国の指導者たちにとっては、そのイデオロギーのいかんにかかわらず、古今を通じ、この『六韜三略』というのは、『孫子』などとならんで常に手を離さぬ座右の銘であり書である。したがって、その内容など一言一句暗記できるほど知りつくし、研究し抜いているのである。現在の中国の日本に対する取り扱いも、こういう角度からも考えねばならない。ところで、有難い民主国である日本の「君主」は、タレントなどという空っぽ人間に数百万票を投じて国会へ送りこむ「民衆」である。そういう外交折衝、外交官の評価などをどのような規準によって下すつもりであろうか。

こうなって来ると、スターリンと不可侵条約を結んで意気揚々と帰国した松岡外相がはたしてどうだったろうという疑問が出て来る。松岡外相は日本の外相としては出色の人間だったけれど格のちがいというか、その役割は日本に致命傷をもたらすことにしかならなかったのだ。何しろソ連は、これでみごとに日独伊の鋒先を英米に向けさせうまく死闘させた。もっともすこしやりすぎてドイツ軍の主力を自分の敵としてよびこむという失敗をやったものの、対日本に関しては最高に有利に、日本には最高に不利に事をはこぶ結果になったからだ。アメリカに叩きのめされた日本が完全に無力になったのを見こし、松岡との条約を一方的に破棄して満州を侵略、自軍は全く無傷のまま濡手に粟のごとく南カラフトから千島の全部を手に入れてしまった。あの不可侵条約は日本には損害だけをもたらしたのである。スターリンはモスクワの駅まで松岡外相を見送りに来るという異例の待遇をやり、外相を有頂天にさせたけれど、そのとき胸中で何を考えていたことだろうか。外相とくらべ、冷静そのものであったことはたしかなのだが。

新聞の「命令」により中国へのりこんだ田中首相が、松岡のような轍をふまぬことになれば幸いである。

この『六韜』の教えは、もう一つ、相手国の賢臣・忠臣と腹を割って事を談じてはならないという教訓にもなる。そんな人間が自国に不利で、こちらに有利なことをしてくれるはずがないからだ。そんな人と腹を割って何もかも話し合い、事を処理したと思っている場合は、大抵相手の術中に陥ったので、自分が自国に対する「裏切り者」となっているのである。相手は自分を「悪臣」とは思わないまでも、「賢臣」ではないと断じていることは確かであろう。

日露戦争のとき、海軍の戦略を担当した秋山真之参謀のやり方は、いつも一枚上手で行くというやり方だった。相手が桂馬を出して来たら銀で、金なら飛車を向けるという風に。初期の仁川沖の海戦から、ウラジオ艦隊をやっつけた蔚山《うるさん》沖の海戦から、すべて、その伝で勝つべくして勝った。人間関係の戦略でも同じことをやるべきなのだ。ただ、軍艦とちがう、戦争とちがう。えらい奴が出て来たとて、おいそれとうまく対応できない。ここでは、えらい奴が出て来ないよう、出て来ても機能しないようにさせるべきなのである。それが外交交渉に入る前の外交計略なのだ。この百年間日本は、そんなことを考える能力が全くなかった。日米繊維交渉だって日中交渉だって、策略は一切されなかった。こちらは向うの望む人を出し、しかもあちら側はこちらの意向を無視して代表を出して来る。日本に外交なしといわれる所以である。

二国間の交渉とか、取引とか、そんな大問題は一応さしおくとする。対他企業、対官庁、対圧力団体、ともかく相手を「やっつけ」ねばならぬ場合、私たちは当然この問題を考えねばならぬ。私たち日本人の一番の欠陥は、相手の人間性にほれこんだり、参ってしまうという所にある。エライ人が胸襟を開いてくれたり、真情を吐露したり、へりくだって応対してくれたりすると、いっぺんに感激してしまう。そして無意識のうちに裏切り者の役割を果してしまうことになるのだ。相手が心からの誠意で来ているのか、途方もない大物でそんな芝居をやっているかは、別問題として。

もっともこういう感激性は日本人の欠点であり、同時に良さでもある。強いて矯正する必要はない。ただ、その欠点をさらけ出さぬため、大物、偉材とは決して腹をわってつき合わないこと、小物だけを相手にすること、そのことだけは、胆に銘じていてほしい。自分は決して大物ではないのだから。その反省を欠き自分でそう思ったときは万事が終っているのだ。それも自分だけなら失敗してもよいが、自分の属する組織、民族、国家に大きな損害をもたらすことになろう。小物政治家たちが大物気分で出かけて行って手玉にとられ、日本にずい分損を与えている状況に私たちはもういい加減に癇を立ててもよさそうなものである。

17

亡びんとして存するあたわず、危《あやう》くして安んずるあたわずんば、智を貴しとするなし。

韓非子

マキァヴェリよりその構想が壮大で、思考ははるかに徹底的だといわれるのが、前三世紀のはじめ、韓の王、安を父として生れた韓非である。その文章五十五篇を集めたのが、今日『韓非子』とよばれるものだ。これから、ときどきこの『韓非子』を引用して考えてみることにしたい。

趙《ちょう》国の晋陽《しんよう》の城に、晋の猛将知伯が晋と韓と魏《ぎ》の三国の軍勢をひきいて攻めてきた。趙の王、襄子は賢臣張孟談《ちょうもうだん》を用いて、城を三年にわたって守備し抜く。だが、食糧も兵力も財力も乏しくなり、将士は疲労して、ついにどうにも守り切れなくなった。襄子は張孟談をよんで、「もう降伏するより仕方がない。三国のうち、どの国に降伏したらよいだろうか」と相談した。そのとき張が答えた言葉がこれである。その意味は、「亡びかかってももちこたえ、危地に陥っても活路を発見できないようでは智慧とはいえません」である。張はこう答えて、ひそかに敵陣に潜入し、魏王と韓王に会い、知伯を裏切るように説得し、見事に知伯をやっつけてしまうのだ。

ここに語られる張孟談の自分の知能と知識に対する絶対的な自信と、快刀乱麻を絶つような実行力は、もし、こんな人間が現在存在したらと溜息が出るほどのすばらしさである。たしかに知識とは本来そういうものであるはずなのだ。だが今日の日本ではどうか。

大学騒動の際、大学の先生たちは、みごと「智を貴しとするなし」ということを証明した。大学の権威が崩壊したのは当然だろう。もっとも、これは、学生側の行動が日本共産党の下部組織である民青と、それに絶対に対立した新左翼の各派があって統一がとれていない。したがって対応の仕方がない。教師側にもあらゆる立場の人がいて、お互いに足をひっぱり合った。そういう一面もある。けれど根本的には、日本の学者は自分自身で思考し——そのためには決断し、選択しなければならない——一つの思想を生み、育て、発表するということはやらない。ベンダサンが『日本人とユダヤ人』の中でいっているように、主として西欧で流行している思想なり学問なりをうまく自分のもののように見せかけるだけである。もっとも、それは至芸に類するとベンダサンはほめているのだが、これはほめているのでは勿論なくて、相当な皮肉である。ともかく、それでは自分というものがないわけだから至芸かどうかは知らないが決断も選択もできないことは確かである。いわんや創意工夫して危地を脱する芸当に至ってはだ。学んで、つまり文字通り真似だけで、考える訓練はすこしもやっていないからである。

だが、もう一つ考えねばならぬことがある。学問と実用とは無関係だとか、すくなくとも非実用な、学問のための学問であればあるほど、上等な学問だという思想はどこで生れたのだろう。美それ自体の追求が芸術であり、芸術家と職人は、その点で区別されるという考え方も、同じ時に成立したといってよい。

私たち日本人は、それを近代思想に本質的な考え方だと思いこんでいる。だが、どうもそうではない。イギリスやアメリカには、功利主義やプラグマティズムの名のもとに、実用主義が大勢を支配している。学問のための学問というのは、実は近代思想の中の少数意見にすぎないのだが、なぜか日本では支配的意見、根本理念と考えられているようだ。

それはどうも、私たちの学問が明治の後半には全くドイツに範をとったことから来ると思われる。ドイツにはそういう考え方が強かったからである。

ではなぜそういう意見がドイツに強く、そして日本に極めて素直に受け入れられたのだろうか。私はそれは両国ともに辺境の国で、劣等意識が強かったせいだろうと推定している。イソップ物語にすっぱいぶどうという話があることは誰でも知っていよう。ぶどうにとびついたが、どうしても採ることができなかった狐が、「ふん、あんなすっぱいぶどうなんかいらないや」と負けおしみをいう話である。ドイツは、近代初頭ではイタリア、あとではイギリスやフランスという自分たちより繁栄している国をとなりにもち、しかも自分たちはいろいろ努力しているのだが、どうしてもそれに追いつけない。自分たちは優秀で勤勉な国民だという自負は大変強い。そうなったら追いつけ追いこせが果せない理由を何とか発見しないと虫がおさまらぬ。イギリスやフランスは近代学問や芸術で繁栄を誇っている。となると、自分たちは学問や芸術で劣っているのではない、それを実用目的に奉仕さすべきでないという正しい信念を持っているだけだ。だから生活水準が低いのはやむを得ない。そういう考え方に落ち着くわけである。このことは国家相互の間にもいえる。個人相互の間にもいえる。日本もドイツと同じことだった。明治以来富国強兵策をとりロシアに勝って軍事大国にはなり得たものの、国の繁栄、国民の生活水準は欧米に及びもつかぬ。そこに学問と実用は無縁だというひかれ者の小唄的な意見が出て来たのであろう。

それは、それでよいとする。だが、日本人がこうして知識、学問を実用より遠ざけた結果何がおこったか。学問が迫力も何もない、青白き学者たちのお遊びになりはててしまっただけである。

議論ばかりしてきたが、結論はこうだ。あいつは人物だとか、あいつは誠実だとか、そういう評価だけで人と組すべきでない。そのどんな「立派な人物」でも知的能力に欠ける人と組んでは必ず失敗する。自分たちより賢い人間を敵にしては決して勝てないのである。

もう一つの結論。意志決定は智によって行なわねばならぬ。意志力だとか実行力だとかいって、知的判断力なしに行動するものをドン・キホーテというのだ。馬鹿が勝つ世界はこの地上にはあり得ない。あったらそれは地獄だ。『イワンの馬鹿』はユートピア思想に過ぎない。反語の連続として一応筋が通っているが、ちょっと考えるとふき出したくなるような矛盾が、至るところに露呈している。馬鹿で途方もない働き者イワンという、そもそも矛盾する性質を両立させているその前提からが無茶なのだが、ここではユートピア論としてそういう点は問わない。問題は、例えば外国から兵隊が攻めて来て掠奪する。イワンの国の人々は、イワンと同じような人間なのだが、そんなことをして何になるといって説教する。侵略者たちはその説得を容れて帰ってしまう。そういう点だ。侵略者がその馬鹿さかげんに呆れて、何もしないで帰るということでないとリアリティが生まれないのだが、そういう筋はどうしても作ることができないはずである。だから、ここでは阿呆たちが突如として大群の敵兵を説得できる智者になってしまうのだ。矛盾もいいかげんにしろというのが子供心での私の感想だった。だが、それは大学のえらい先生に質問したって正しく説明できぬ問のはずである。

智を軽蔑したり、実用との結合をいやしめるのは、敗者のまけ惜しみでしかない。自分に智がなければ、決断に智者を利用すればよいのだ。そのことも『韓非子』は教えてくれているのである。

18

小忠を行なうは、すなわち大忠の賊なり。

韓非子

この言葉の意味はやさしい。小さな忠義は大きな忠義の敵であるということである。ただしこれを大義親《しん》を滅すという、大義のためには親子や友人との私親を滅せよという道徳訓にとってもらっては困る。大体道徳訓などは、人生の不可解さに対する洞察力も、共感も、社会の複雑さに対する正しい認識も、何もなしにいくらでも作ることができる種類のものだ。そういうものなら私は何もここでわざわざとりあげることはしない。まず韓非がとりあげた例を見ていただこう。

楚の共《きょう》王が晋の厲《れい》公と戦った。楚軍の旗色悪く、共王自身も眼に傷を負うほどだった。その戦いの最中、共王の部下の将軍子反《しはん》は疲れはて水を求めた。従者の穀陽という男が酒を満した盃を差し出した。「戦いの最中だ。いかん、酒は」と子反はこばんだ。穀陽は、しかし、「酒ではございません、御安心を」と嘘をつく。嘘だと知りながら、その言葉に迷い、子反はとうとうその盃を口にした。つかれている。戦況は悪い。根から酒は好きだ。一口ではやめられず遂に酔っぱらってしまった。

その日の戦いすんで、日が暮れて、共王は、明日こそはと思い将軍をよびにやったが、身体の工合が悪いといって来ない。自ら子反の陣へ出かけ、将軍のとばりの中へ入ろうとした。ぷーんと酒のにおいが鼻をつく。共王はそのまま首《こうべ》をめぐらした。共王は思う。「今日の戦いで私自身傷ついた。こうなれば頼りとするのは将軍だけだ。だのに将軍はあの有様。わが国、わが軍がどうなろうと平気なのだ。もう戦争はやめた」と。共王は軍をひいて帰国すると、大罪を犯したとして子反を斬った。穀陽は何も子反を陥れようとして酒をすすめたのではない。主人の身体と精神を案じ、忠義のつもりで酒をすすめたのだ。ただいえるのは、その小忠が主人を殺した、小忠は大忠の敵だということである、云々。

韓非のいうことはよく判る。ただ、ここで私が問題にしたいのは、忠ということでなく、眼前の利益と、背後の大利との関係をどう見るかであり、穀陽の立場でなく、子反の決断である。大利と小利は相反することが多い。しかし、大利と小利、眼前の利と遠く大きい利が、いつも相反するものなら、決断は比較的簡単だ。現実は、そうではなく、一致したり、相反したりするのである。だからこそ、賢い人でも決断に迷い、失敗したりするのだ。そうでなければ小人、愚者が失敗し、大人、賢者は成功するという簡単なことになってしまう。

私たちは決断に迷いがちである。そのとき決断するには重大な注意事項がある。ひろく遠くおもんばかれというむつかしいことではない。子反は、酒を出されたとき、直感的に、いけないと退けた。だのに、こざかしい従者のうまいうそに迷って酒を呑んだから失敗したのだ。

将棋や碁で、「下手の考え休むに似たり」という。そういう勝負ごとに限らない。私たちは思考しているつもりでいて、実は迷っているにすぎないことが極めて多いのである。あるいは、自分の欲求を満たそうとのみ思い、そのいいわけを探しているにすぎないのである。まあ、

「私の主張」とか、新聞の投書とか、学者の評論などを注意していただきたい。正義、大義を堂々と論じているものほどそうなのだが、何とまあ、自分の欲望のいいわけにカッコよい言葉や論理を使っているだけのものが、多いことか。

最初の直感こそ大切にすべきなのだ。何か嫌な予感がする。しかし、やりたい。予感を抑え、そのやりたい気を理屈づけようとするのが私たちの常なのだが、逆に、その予感を大切にし、それを分析することが重要なのである。予感を分析して見て、それが単なる気おくれにすぎないとか、全くの杞憂であるということなどがはっきりすれば、それでよい。はっきりしないなら、慎重にやること、手控えが必要なのだという証明なのだと考えねばならない。予反の失敗はこの直感を否定したところにある。

ところで、この直感力である。私たちは、それを養わねばならない。決断はとっさにやらねばならぬことも多いから尚さらのことだ。直感力とは瞬時の間に、その本質を把握する能力のことだが、残念ながらどうもそれは、天性に近い能力らしい。すくなくとも大人になってから、その能力をつけようとするのはかなり困難である。といって、何とかはしなければならぬ。オカルト・ブームというのは、あまり直感力がない人が、それを神秘的に考えて子供のお告げなどに頼ったりすることの流行をいうのだが、こういうのは例のスプーン曲げと同じくインチキが殆んどである。当るのはまぐれにすぎない。もっと考えねばならないのだ。どうするか。

本当の直感力は、広い知識がないと働かない。これかあれかという単純命題ではなく複雑な条件に対応しなければならないときはとくにそうである。何よりも、自分の専門を越え、広い知識を身につけねばならぬ。その知識とは、法律、経済、それも技術的なこまかい知識のことではない。そういうものは、それほど必要ではない。人間学が何よりなのだ。それを養うためには、我田引水になるが歴史に学ぶことが一番だろう。といっても、社会史など、社会構成史とか、近頃の何とか研究は駄目。昔の、具体的にいえば十九世紀風の物語的な歴史叙述、それも詳しい古典がよろしい。それが面倒なら多少フィクションはふくむが歴史小説が一番だ。例を挙げれば司馬遼太郎氏の『坂の上の雲』など。もっともあまりにフィクションにすぎるものは駄目。小説家の思考より、歴史事実の方がはるかに人生の本質を語るものだからである。

もう一つ注意。直感を発動させる訓練が必要だが、ある経営者は新聞の社会記事を見て、俺ならこうすると、いつも事件の当事者の行動とちがう方法を考えることにしていると教えてくれた。変な例だが、犯人がつかまったという記事がある。その犯人のいいぐさ、しぐさが報道される。それを読んで、こういういい方、こういう言動が記者にこういう影響を与えた。ではこうしたらという風に考える。考えながら読むというのだ。犯人の言動は、必ず、それを書いた記者に、好悪それぞれの影響を与えている。記事はそういう記者の主観の入ったものになっている。そういうことをふくめて考えながら読むのだという。これは、すばらしい直感力の養成法だと私は思う。

最後に、この一挿話からの相当えげつない結論を一つ。私は実は韓非の狙いはそこにあったと考えるのだが。

　穀陽は子反を陥れようとしたのではない、と韓非はいう。だが、もし、そう思っていたのだとすれば、これは見事な成功の例になりはしないか。つまり、やっつけようとする相手に対し、その相手の個人的な身近な利益だけを計ってやるという手だ。それは相手にうらまれず——自分でくやむ以外、口に出して文句のいえる筋合ではないから——他人から害をうけることなく、目指す相手をやっつけることができるからである。

19

功なきを賞すれば、民、偸幸《とうこう》して上を望む。過を誅せざれば、民、懲りずして非をなし易し。これ乱の本なり。

韓非子

功績ないものに賞を与えると人民はつけ上って、それからそれへと高きをのぞんでとどまることがない。過ちを罰しないと平気で悪事を働くという意味だ。しかし私がこの文章を出したのはこの言葉の面白さからではない。もともと賞与であったものを年末手当などとやってしまったことが戦後日本の「大失敗」だった。官吏の年末手当の半分は勤勉手当である。だがそれはみんなに一様に与えられている。休んでも、ストをやって働かなくてもこの賞与はもらえるし、働いてもふえるわけではない。年功というわけのわからない功以外、官吏には功による昇給は絶無に近い。これではみんながつけ上るだけで、働く気がなくなるのは当然だ。それでも日本の官吏はイギリスやイタリアの官僚よりまだよく働くというのが、私には判らないのだけれど。この句は、今更ながら、この当り前の指摘を忘れた日本のおろかしさを思い出させてくれる。

しかし、私は、そんなことより、この結論のもとになった韓非の挙げる挿話を紹介したいのである。

斉の桓公（春秋時代）が酒に酔って冠をなくし、それを恥じて三日間も朝廷に姿を見せない。総理の管仲がいった。「そんなこと国を持つものの恥とはいえません。どうして政治でもってそれを雪《すす》ごうとはされないのですか」と。桓公はなるほどと思い、官の倉をあけて貧民にほどこし、囚人を調査して軽い罪のものを出してやった。ところで人々はそれをどう受けとったか。三日たつと人民の間にこんな歌が流行した。「王さま、王さま、もう一度冠をなくして下されや」。馬鹿にされただけなのだ。

日ごろ善政をしかないでいて、自分の失敗をつぐなわんために善根をほどこす。そんな君主は自分の利だけあって、天下のこと、人民のことは念頭にない男だ。桓公は「善政」をしくことで、自分がそんな人間だということをわざわざ全国民の前にＰＲしたのである。

民衆はそのことを知っている。だから桓公に対して感謝するよりも、もう一度失敗してくれと歌にして要求しただけだった。公の権威は地に陥ちた。韓非はこれを桓公は一つの過ちをつぐなったけれど、同時にもう一つの大きい公的な過ちを作ったのだと批判している。そして、故なき「善政」はこのように国民をつけ上らせるだけだとのべているのである。

私はこの点を更にもうすこし突っこんで考えたい。故なき善政をしくことは、とりわけ賞を与えたり、減刑をしたりすることは、ただ人々をつけ上らせるだけではない。「さては、王様、何か悪いことをしたな。それで御機嫌をとっているのだな」という風な誤解を与えてしまうということである。桓公は冠をなくしたという風に、理由がはっきりしていたから、軽蔑を招くだけで済んだ。ふつうの場合だといらざる誤解を招くという結果を生むだけに終るものである。

何か弱味があるらしいという誤解を受けないにしても、困った結果を生むことも多い。古代ローマ帝政時代末期は、やたらと祝祭日がふえ、休みが多くなった。人心がだらけて来たこともあったが、歴代の皇帝が人気とりのため、やたらに祭日を作ったということもある。その結果、「安物で治績が上らぬ政治家ほど祝祭日を作る」という諺が生れたのだ。こうなると休日を作れば治績が上らないということの証明にされてしまう。万博にもそんな効果があった。現在の会社でも休日作りは一種の操短だという声も出て来ている。まだそんな声はとても一般化しない働きすぎの状況だけれど、これからは安易な休み作りは足許を見られたりなど思いもかけぬ結果を生む公算が大きくなって行くだろう。

大学の騒ぎで、学生が教授と団交した。団交とはつるし上げの代名詞である。恐怖にかられた教師側は、その要求を次から次へと容れて行った。ところで、大勢の中から声あり。「おーい、何も俺たちのいうことをそうみんな聞かなくてもよいんだぞう――」。そして全員どっと笑いくずれたというのである。

ここが意志決定のむつかしいところ。おだてるとつけ上る。叱ると反撥する。全面賛同するととりくむ姿勢が安易に流れる。これは別に管理者の部下に対する嘆声だけではなく、平等なチームの討論でも、意見具申の場合でも、個人の決断の場合でも自己反省としていえることである。

ここでは三十歳から四十歳前後までの現代の中堅管理職など、日本チームの指導者一般のこととして考えて見よう。例外はあるが、この世代の人々の特徴はやはりこの斉の桓公だということである。自分の能力に対する確乎たる自信がなく、それを補おうとして人気とりをいつも考えている。だが、やることが信賞必罰でないので部下の心の中には、ひそやかにではあるがいつもこの桓公の歌がうたわれている。一方上司もそういう自分を軽く見る。そこでイライラして、愚痴不満をもらし、妙なところへつっかかったり、何もかもを体制や組織のせいにして反体制的言葉を吐くことでそのイライラを解消させようとする。この世代にはそういう人々が圧倒的に多いのである。

このような人々は、まず、孤独に耐える訓練をすることである。つき合いも必要だし、部下の気持も聞いてやらねばならない。しかし、それで孤独から解放されるわけでもない。死ぬときはどうせ一人で死ぬのである。情死ではあるまいし、女房子供だって一緒に死んでくれるわけではない。年齢は確実に加えられて行く。老いるとは絶対の孤独を目指して生きて行くことなのだ。家庭の中でも会社でも、疎外を生甲斐にせよ。三十、四十の男が小娘のように、家庭でも俺は孤独だと淋しがるなど醜態以外の何物でもない。

心からなる共感だとか、連帯とか、心のふれ合いとかそういうものをやたらと求めたがるのは女性か子供かである。そういうものの空虚さを知ることが三十歳として「立ち」得た人間の価値なのだ。

独断はいけない。ボスの専断性の害は身にしみて知っている。チーム全員が心を合せなければ何事もうまく行かない。そういう反論が出ることだろう。現に、そういう教訓は雑誌ででも何でもいやというほどなされている。それはその通りだが、私の考え方はちがう。ボスの独善的、独裁的支配はいけないとは、今日では六十歳以上の老人に対していうべき言葉である。今日三十歳代から四十歳代の人々にそんな人はいない。そういう人にはむしろ逆をいわねばならぬ。他人、とりわけ若い人々のことを気にしすぎ、それに迎合したり、へつらいすぎだと。桓公の愚をくりかえすような意志決定ばかりしているではないかと。

20

民衆の希望する自由など叶えてやれるものではないのだから、君主は、その一つの欲望、つまり復讐心を満足させてやればよい。

マキァヴェリ

これは、前に一度出した教訓、「大衆の憎まれ役は他人に請け負わせよ」というのとダブる話でもある。しかし、ここでいいたいことはちょっとちがう。

マキァヴェリは鋭く見抜いていた。民衆の大多数は自分の生活の安定と平穏無事を願って自由を求めている。しかし、ごく一部の連中は、「実は自分が命令する立場になりたいからこそ自由を求めているのである」と。

マキァヴェリは、「ごく一部の連中」といっているが、現在のように自分はミドルクラスだと信じている人間が圧倒的になった日本では、「その指導者の多くは」という形容をつけた方がぴったりするかも知れない。それと革命をおこしプロレタリア独裁を夢見ている人を加えるとその数はうんとふえる。私の知っているかぎりでも、いわゆる進歩的文化人とか学者とかいうものの大半は、支配者になりたいが、このままではなれそうもない、そこで指導者・支配者・管理者を加害者という言葉に置き換え、自分は被害者になりすまし、被害者から脱出し、自分を指導者にと叫んでいるのだ。本心はそこにある。

これは、要するに社会一般に自我が高まって来たからだと考えられよう。各人が個性にめざめ、個性の発揮を強く望むようになったからでは決してない。

ところで、先年話題になったイザヤ・ベンダサンは、その著『日本人とユダヤ人』の中で、

「全員一致の決議は決議ではないはずだ。ユダヤ人は、したがって多数決しか認めない。だが日本人は全員一致を大変尊重する。奇妙だ」ということをのべている。たしかにその通りだ。けれどもこの全員一致主義は日本人の思考が妥協的だという理由によるものではない。大勢がそうなりそうだと議論の段階で自説を撤回する、長いものにはまかれろという姿勢のせいである。要するに個人主義が確立していないからにすぎぬ。現在においても、この傾向はそう変っていない。匿名投票のようなときだけ、反対意見が出現するのである。

だからこそ私たちは心にとめなければならない。自分の決断が満場一致で通ったとしても、それは決して全員が心から賛同してくれたのではないということを。論議をつくさなかった、あるいは大勢に順応しただけで、内にひそむ不平と反対は大きいのである。

そこで、私たちがやらなければならないことは、この不平と反対を実践段階でどう克服して行くかである。面従腹背者をどうして発見し、それをどう処理して行くかである。大変大きくいうと、日本では意見具申であれ、責任者の決断であれ、意志決定はそう困難ではない。あとの実行の方が問題なのだ。私がこの〝決断の条件〟で、意志決定そのものよりも、それにまつわるいろいろの処理を説いて来た理由もそこにある。欧米の場合は論議をつくすし、それによって集団の意志が決定されたら、実践の方は大した問題ではない。旧帝政ロシアやドイツのような後進的な諸国には面従腹背的な要素が残っていたが、先進国ではそういうことはなかったからだ。

日本は先進後進といった単純な尺度では計り得ない社会だが、何しろ人間関係にこだわりすぎ、内部関係では表立った対立論はうち出しにくい。反抗感や反抗姿勢は裏面での陰惨なものになる。新しいことをやるには抵抗が多い。けれど、経営戦略などみんなが賛成したころやるというのではすでに手おくれである。反抗運動粉砕に全力をそそがなければならぬ理由がそこにある。

しかし、その粉砕も正面切ってやっても効果はない。反対者の手にのるだけだ。水面下の敵に対しては、こちらも潜水して対抗しなければならないのである。

まず、煽てるという手がある。信長の姉川の戦のとき、秀吉の献策で明朝総攻撃という軍議が決定した。柴田勝家、丹羽長秀などは新参の猿めが、と快くない。談合して明日はさぼることにした。秀吉はこれを悟って信長に意見具申をする。信長はそれを容れた。こっそり一人ずつこの二人を呼んで、「さすが勇将、汝のところはちがうのう。他の者の陣はおびえ切って、全く気勢が上らぬのに汝のところだけは燃えているようじゃ。頼みとするのは汝だけだ」といって刀を与えたのである。二人とも大感激、のんびり寝こんでいる部下を叩きおこし、両方とも負けてはならじと突進した。これを見て、みんな、あの談合はだし抜く気だったのかと結束たちまち乱れ、戦いは大勝利に終ったというのである。

この話はもちろん作り話だろうが、日本人の陽気好みには、こういう話は大変うまく適合するものと見え、同種の挿話がよく出て来る。実際は、「馬鹿はおだてるにかぎる」というかなり残酷な考え方に通じるのだが。

陰惨な反抗は、こううまくそらすことはできない。そこで用いられる手は、前もって犠牲者を用意しておき、それへすべてを集中させるということである。マキァヴェリの挙げている実例はもっとひどいもので、実は自分が倒したいとつねづね考えていた競争者に、あらかじめ辞を低うし、節を屈して款《かん》を通じておき、その人の意見に同調したかに見せかけるという手である。

ここまで、えげつなくすることは、しかし日本人の本質に合わない。うまい人は仮の犠牲者を作りあとで酬いるとか、反抗者相互の対決をさせ、そのエネルギーを消耗させてしまうということをする。その手は柴田の使い方に似ている。反対者の中の一番の旗がしらを重用するのである。正面切って重用しなくてもよい。表や裏で、さすが人物だとか、あの反対論には充分以上の論理があるとか、自分も、あのやり方でやってもよい、いや、実際、あの方がよいとも思ったのだが、ただこの点だけがひっかかるのでとか、何とか大変敬意を払い、その反対者に近づくふりをする。他の者は、「何だか変だ、奴は」と疑心を持つ。そうなったらもうしめたものである。

道徳的説教は、マキァヴェリや韓非の偽善としてもっとも排撃するところで、この論には合わないが一言ふれておくと、こういうマキァヴェリズムを遂行する前提として、自分の決断の方が絶対正しいとか、この方がうまく行くという確乎たる自信がないと駄目である。そうでない限り、自分がますます小策に溺れる小人となって行くだけのことだ。そういう戒心が必要なこというまでもない。

21

民はもとより勢いに服す。よく義につくもの寡《すく》なし。

韓非子

今日ではもっとも問題の多いはずの発言である。大衆の要求は必ず正しいという不可解な感情は現在の日本で当り前の前提になっているからだ。しばらく韓非の説明を聞こう。孔子は天下にかくれもない聖人であった。行ないを修め、よるべき道を明らかにし、天下を遊説してまわった。だが、孔子の説く仁義をよろこび、その義を美として感服して弟子になったものは、何千万人の中でたったの七十人であった。仁を貴ぶものはこれほどすくなく、義をよくするものはそれほど容易に発見し難いものなのだ。しかも弟子七十人といっても本当に仁義を身につけたものは孔子一人だった。そのことはかれが生涯嘆息しつつ、この弟子たちを説き続けなければならなかったことでも明らかである。

ところが一方、明君とはいえたものではない魯の哀公（春秋時代）でさえ、一度王位につくやその領域の民の一人としてそむくものなくすべて臣従した。このように民は力につくものだ。そこで孔子も国に帰り、哀公が君、孔子が臣下となった。孔子は哀公の義についたのではない。その勢威に服したのである。孔子でさえ力につくのだ。

このような意見に反対することは容易である。ところで、私がこんな主張を〝決断の条件〟に入れたことにはわけがある。つまり、日本人一般の、このような見解に対するお定まりの反応に対して文句がいいたいからだ。殆んどの人は、「それは単純すぎる見方だ。世の中のことはそう簡単にいくものではない。恩威ならびに施すということが大切だ」という風に反論する。ところで中国のこの時代の韓非と正反対の性善説、つまり仁義主義者は、そうはいっていないのである。恩威ならびにではなく、恩つまり仁義「だけ」が人を悦服させるのだという、やはり一方の単純論を唱えているのだ。日本人は相手を論破せんがため、極端な論旨の刃をますます鋭くといでいくというようなやり方を苦手とする。それは議論のための議論であり、若者の空論であるにすぎぬ、現実はそう簡単ではないといって両者を止揚・総合したような顔をしたがる。しかしそれは止揚でも総合でもない。論理の否定であるにすぎぬ。現実主義というのでもない。現実は複雑だというのなら、その複雑な現実を分析して複雑な論理を構築しないかぎり、現実主義の主義という名に値しない。現実は複雑なのだからというだけでは思考でも論理でもない。要するに思考停止なのだ。

といって韓非のこの説は「力は正義」なりといった飛躍をやっているわけではない。論理一貫性をぎりぎり押し進めていっているのにすぎぬ。

この論理一貫性の押し進め方である。そういう思考が可能な人間となれる訓練法である。私たち日本人の間では、その訓練は東大式のただ試験のための勉強とか、このごろ流行のクイズを解くような形式思考のための形式思考の訓練とか、今度はいやに飛躍して何事も経験だといった経験論になってしまうようである。

本当に論理性に強くなり意志決定が可能な人間になるためにはどうしたらよいのか。屁理窟だけが上手、というより駄々子的な自己主張をこねるだけの現代の若い人々を作って来たような戦後の教育法ではどうにもならないことは、はっきりしている。

ニクソン時代アメリカで、大統領を動かしていた男、裏の大統領、米大統領についで世界で二番目に強大な権力を持つ男といわれていたのはキッシンジャーである。かれは亡命ユダヤ人の息子として、頭はよかったが教育もなく、気も弱い人間だった。それを「強い男」に仕立てたのは、国防総省で陸軍参謀総長顧問のフリック・クレーマーだといわれる。かれこそキッシンジャーに炎のように燃焼する生をえらばせたその人なのだが、その決定的な言葉はこうだった。「男というものは飢え、マルセイユの波止場に全くの一人でほうり出される。そんな時でも身につけているたった一着の背広を狙って男があとからつけてくる。そういった、ギリギリの状態に追いこまれてこそ人間は、はじめてこの世というものを理解することができるのだ。こういうとき『理性』とか『善』は無力である。かれはひとり起ち上って戦うか、さもなければ死ぬだけなのだ」（クラフト「世界第二の男・キッシンジャー」『諸君』七一年六月号所載）。

韓非の言葉もこのようにしてとらえるべきだろう。イザヤ・ベンダサンがのべているように、私たち日本人はよくせっぱつまるというが、ユダヤ人、広くは欧米人から見ればそれはちょっともせっぱつまっていないのである。むしろチャンスに挑戦されているのに過ぎない。ベンダサンは、日本人は環境がよすぎるので、それに甘えすぎているのだという。学生のいい分、労組のいい分、経営者のいい分などたしかにそうだが、それは最近のことだ。戦前はずい分つらい環境に置かれていた人も多かった。そんな条件を考慮に入れてもいきづまったとはいえないのにのびてしまった場合が多いといえる。個人の挫折、経営の行きづまり、運動の敗退みんなそうであろう。つまり決断を回避したままずるずると破局の中にのめっていくだけだったという判定が下されるのである。この「ずるずる」は、私たちのどうすることもできないような民族的性格だ。うまくいっているときは調子づいてとんでもなく強そうに見え、精力も出し、よく働くが、周辺の状況がおかしくなると、とたんにがっくりと来て参ってしまう。

それはつまり、日常の思考や行動においてこのクレーマーの忠告のように、私たちは自分の心を極限状況に置いて考え、行動する訓練を絶対といってよいほどやる習慣がなかったからである。キッシンジャーだってこのような忠告がなかったら、ぬるま湯のような知識を売りものにするだけの大学教授の生活に——それでもアメリカの教授は日本の私たちなどより遥かにきびしい条件にあるが——ひたって生涯をすごしたかも知れない。

自分をまず極限状況的な心境に置け。そういう説を聞くと、すぐ私たちは、「愛が必要だ」「誠意をもって話し合ったら理解されるはず」「もっと努力を」とかいった反応をする。しかしそういうことを実際にやることは殆んどない。要するに意志決定を一寸のばしに逃げる口実として立派なことをつぶやいたり、意志決定ができない弱さをかくすために善や愛などとわめいているにすぎないのである。

22

すぐれた将軍は部下の将兵を戦闘が避けられない状態に追いこむ。

マキァヴェリ

窮鼠かえって猫を咬むという諺が示すように、死地に陥りそうになったものの生きる力は途方もなく強いものだ。それゆえ、相手を死地に陥れることは、どのような戦争指導者も決してやらない。包囲しても完全包囲して全滅させようとすると、それは不可能ではないにせよ、それこそ死物狂いの反撃をうけて攻撃軍の方が大損害を蒙ることはたしかである。だから必ずどこかへ精神的あるいは物質的な脱出口をあけておかねばならない。そうすると敵は死闘する意欲を失い、そこへ殺到する。そこを攻撃する。あるいは上手に降伏させてしまう。そうすればこちらは軽微な損害で相手に大打撃を与えることができる。どうしても全滅させねばならないときは、大変ゆっくりとした包囲攻撃で行かねばならぬ。たとえば秀吉の高松城水ぜめ、または後の小田原城攻囲作戦などがそれだ。だがこの場合は圧倒的な力量差がないと成功しない。

こんなことは戦術上の常識だが、この逆が自軍の使い方である。自軍を決死隊にさせるには、例えば背水の陣のように自らを死地に陥れることが必要になる。

だが、それは賭けだ。自軍が全滅する可能性がある。それを承知の上でならよいけれど、マキァヴェリの時代ではそんなことはできない。当時の戦いは傭兵戦であった。自分で軍隊を養っておき、金であちこちの君主や都市に雇われて戦争をする。そういう戦争請負人（傭兵隊長）どうしの戦いが常道だった。部下の一人を殺すことも、武器一つを失うことも、大切な商売道具を失うことだ。全滅させたりしたら無一文になってしまう。そんな無茶はできない。君主など傭い主の方とは勝ったらいくら、城をとったらいくらという風に戦果に応じて割増し金を貰うように契約をしているけれど、負けたらその報酬はうけとれない。勝たねばならぬ。その工夫が傭兵隊長の能力である。

だからこそ、現在の経営作戦で、マキァヴェリの見解が役に立つのだ。日本の「作戦要務令」なども有効に相違ないが、そこにある根本思考は、国防戦である。一部隊の全滅など必要とあらば一向差支えない。たとえば今度の大戦での大作戦の計画表を見れば、ある日まで名前がのっているが、急に消えて二度と現われない部隊がある。その日の戦いで全滅が予定されているのだ。これでは犠牲に供し得る子会社をたくさん持っている大会社の経営作戦になら適合するだろうが、自軍の存廃に全てをかける傭兵隊長の戦陣訓としてはちょっと困るのである。

マキァヴェリはいう。うっかり背水の陣はしけない。相手に背水の陣もしかせられない。といって戦いは遂行し、自軍をして勝たさなければならぬ。そこでそのような戦いの必要性、運命（フォルトゥーナ）が戦うことを必要（ネチェスタ）にした。つまり戦いの必然性というものを心から将兵にのみこませねばならぬ。それには、一所懸命に説教するだけでは駄目である。その必要性というものが、全機能をあげて自軍の将士に働きかけ、敵軍には働きかけぬようにしなければならないと。

よく考えて見るとマキァヴェリの、残虐、狡猾に見えるいろいろの教えは、この運命の与えた必然性を、どのように国民にのみこませるかというところにあるようだ。人は何とか口実を作って自分で戦いの意志決定をすることを逃げるものだし、その口実に論理性や道徳性を与え人気を得ようとする学者や宗教家や評論家を使おうとする。そういう「えらい人」は掃いて捨てるほどいる。そして国家、企業といった組織体はずるずると崩壊や衰退へと落ちて行くと思われるからである。

ではどのようにして、戦いの必然性を教えるか。第一には敵が途方もなくひどい連中であり、普遍的な社会道義の上からも、その存在を許し難いものだということを教える。それには相手陣内の叛乱者の言葉を利用するのがもっとも効果的だ。――仲間の悪口をいうのが好きな日本人はその点、これほど「敵」に乗ぜられやすい集団はないと思われるほどである。――こうしてこういう敵には条約締結も妥協も無駄だと考えさせるのである。

第二には自分たちを立派だと思いこませる。

第三には、その逆のことだが、相手に対し全員が手ひどい裏切り者になるようにしむけるか、あるいは相手を全面的にののしって、もうこうなったら到底こちらと平和裡に話をつけようとは考えまいとこちらの全員が思うようにさせる。もっとも大変ずるくなるけれど、実は相手をそうおこらさないように、相手をののしることばは味方の将士に対してだけ、いかにも相手にそういっているような姿で吐いておくのである。

このように全将士に戦いの必要性がその全機能をあげて働きかけ、将士の意識のすみずみにまで貫徹して、はじめて将軍は戦いの意志決定を行なうのだ。

松永弾正久秀は織田信長に降伏しては謀反をすること三度、遂に自分の居城である信貴山城を信長の長子信忠軍に攻略され、城に火を放って自決した。ところで不思議なのは一度負けたら部下は散り散りになってしまう、大変不人情なこの戦国時代に、進んでかれと運命を共にしようとした将士が、人の噂だが五千人もいたということである。

人徳は全くない久秀であった。勝目もすくない。だのにそんなに多くの人間がついたということは、久秀の弁舌がうまかったためではないだろう。かれはたえず陰謀を企て、叛乱することで、将士とともに叛乱共同体とでもいうものを作り上げていたといってよい。

久秀と同じく、かれの部下だって、もう信長に内通するわけには行かない。一時は命をゆるし、つかってくれるだろうが、いずれは成敗されるにきまっている。信長だけのことではない。あの松永弾正の部下という「汚名」を着てしまった以上、もはや日本中の誰一人だって信用してくれるものはないだろう。そういう気持がこの五千人を、すくなくとも、その主だった家来たちを死の籠城へとおもむかせたのだと考えられる。

マキァヴェリのこの方策は、例えば現在の中国の指導者が、七億の国民を戦う一つの火の玉に化し去ったその見事なやり方と完全に一致しているといってよい。経営戦略の場合も、戦うという意志決定を可能にする最大の条件は、自分の部下や協力者が、戦いの必然性を、はたして本当に感じてくれるかどうかということにあるはずである。

23

人主は心を己が死を利とするものに加えざるべからず。日月は外に暈囲《うんい》するも、その賊は内にあり。その憎む所に備うるも、禍は愛する所にあり。

韓非子

これは恐ろしい言葉である。いくら外敵に備えて見ても、敵は実は内部にいる。その内部の敵だって憎むものだけを用心して見ても駄目だ、災禍は実は愛する者から発する。そういうことである。

この辺りの韓非のいい分は至言に近い。あまり余計な私見を加えないで、そのいうところを聞いてみよう。

名御者の王良は馬を愛し、越王勾践《こうせん》は人を愛した。だといって、それは動物愛護の精神とかヒューマニズムによる行為なのでは全くない。馬は走るからであり、人は戦うからだ。医師が患者の傷を吸い血を口にふくむけれど、それは肉親の愛情からそうするのではない。赤の他人に対してもそうするのは利益からである。

車作りの職人は、みんなが金持になればよいと思っている。棺桶作りの職人は人の死ぬことを願っている。けれど、だからといって前者が道徳家で後者が悪人ということにはなるまい。人は金持にならねば車を買わないし、人が死ななければ棺桶は売れないからだ。死ぬのを願うのは人が憎いからではなく、かれらの利益が人の死ぬところにあるからだ。

その棺桶作りと全く同じ立場にあるのが妻と世継の一派の連中だ。かれらは君主の死を願う。君主が死ななければ自分たちの勢力がのばせないからで、君主を憎んでいるからではない。

こんな意見を聞いて、ステファン・ツヴァイクの名著『マリー・アントワネット』を思い出される方も居られるだろう。フランス王ルイ十五世が死ぬ。寵妃をはじめ重臣たちは悲しみに沈んでいる。だがその王宮の一角からかすかなどよめきが、悲しみの静まりをおびやかすように伝わり、やがて大きな波動となって来る。皇太子つまり今やルイ十六世となった新王の近臣たちがおもわず洩らす万歳の叫びだ。奇妙な対照、最大の悲しみの中に最高の歓喜がおさえ切れずにほとばしる。だが、この両者は別に対決していたわけではない。ルイ十五世は陰謀によって倒されたわけではない。利の動きに人の動き、人の気の動きが従って流れているだけのことである。ツヴァイクは、その天才の筆で淡々と、しかも冷酷無残、この上もなく鋭利に、この間の情勢をえがき出して見せてくれたのである。

ここがむつかしいところだ。利害関係だけで結びつけられているものは、計量できる。したがって操作も可能だし、造反も防止できよう。だが、その利の上に愛がからむ、という状況が当然生まれよう。主従、友人、男女という関係などは当然そうなる。道学者はそこには利害関係は作用しないとか、作用するにしても、愛の力の方がはるかに優越すると主張するのだが、韓非はそんなときでも利害が基本だと説くのだ。私は利害関係が絶対優越するとはいわない。韓非はもちろん潜在意識、深層心理というものを知らなかった。だが、そういったものの根強い拘束力を見抜き、そのような動物的な利害感覚のおそろしさを強調したのだ。その点は偽善的で事態の本質を直視せず、女子供の感傷に訴えるだけの道学者流よりはるかにまともだといえよう。

私たちの陥る陥穽《かんせい》は、利害ととりわけ複雑にからみ合う愛情関係の中に置かれた人間は、愛しか見ようとしないものだという点である。人は本能的に自分の心の中にある動物的、唯物的な要求を否認したがる。他人に自分をカッコよく見せようとするためでもあるが、自分一人で反省するときだってそうだ。ふつうそれを良心の働きと称するのだけれど、問題はこの心のうごきは自分の心の中の動物的利己心の存在を認めないでおこうとしてそれに目をつぶるだけで、それを克服しようとする努力は決してやっていないことにある。すこしでもそれをやれる人は稀に見る超人的人物であることをこそ韓非は手きびしく指摘しているのだ。殆んどの場合、この否認の根源力は良心といったものではなく、並はずれの恐怖心でしかない。

そこで私たちは自分の心、人の心にある愛と利との混同を見抜けなくなる。自分自身さえ見まちがうのだから他人の意識構造の動きなど把握できるはずがない。そこから悲劇と破局が開始される。韓非のこの言葉は、この間の事情を喝破したものに外ならない。

ふたたび、戦国時代に例をとると、明智光秀が信長を倒したとき、致命的な計算ちがいをした。細川幽斎父子の同調を期待したのだ。幽斎と光秀は将軍義昭を世に出すため長い労苦を共にした心友である。信長に仕えてから日も浅い。幽斎の子忠興は光秀の娘――のちのガラシャ――を妻とし、狂気したように溺愛している。この父子が自分の味方をしてくれぬはずがない。味方してくれれば日本中が光秀の行為を是認してくれるだろう。そうすれば細川も宮津の一城主の地位から自分と天下を二分するほどの太守になれるだろうし。

この光秀の予測ははずれた。京都の貴族で権謀術数の極の世界を生きぬいた幽斎の計算はそんなに甘くはない。はるかに緻密《ちみつ》であった。光秀は敗れると踏んだ。かれは全くの中立を宣告したのだ。

驚いた光秀はもう一度手紙をかいた。それは、今日も細川家のもとに残されている。司馬遼太郎氏もいうように、事の意外に顔面蒼白となった光秀の顔が見えるような悲痛な内容の手紙である。細川の拒絶を知った瞬間、光秀は滅亡をはっきり直感した。うらむ気力もなくなった。支離滅裂、とり乱し切った何とも憐れな手紙だ。

意志決定のときは、何よりも、愛の根底にある利を直視せよ。直視できぬ人間はみじめな失敗をする。極めて自明なこの論理は、しかし、現在でも、私たちが常に心に持ちつづけねばならないいましめとして存在する。それを否認したい本能を持つのが人間というものだからであろう。

24

臣主の利は相ともに異なるものなり。主の利は能ありて官に任ずるにあり。臣の利は能なくして事を得るにあり。主の利は労ありて爵禄《しゃくろく》するにあり。臣の利は功なくして富貴なるにあり。主の利は豪傑の能を使うにあり。臣の利は朋党の私を用うるにあり。

韓非子

この「主」とは支配者のことだが、それを君主とも、経営者とも、主権在民ということなら一般大衆と置きかえてもよい。その場合、「臣」とは順に、官僚、社員、政治家ということになる。すこし註釈をつけると、「相ともに異なるものなり」というのは絶対に相反するという強い表現で、単に一致しないということではない。「豪傑」というのも能力者というぐらいだとお考えいただきたい。

この臣主の利害関係の矛盾は、もちろん労働者と資本家という階級間の矛盾ではない。常識では利害が一致すると考えられる者同士の矛盾関係を鋭く指摘したものである。

現代の臣従関係に読みかえ、いろいろ想像すると誰でも思い当ることが多いはずだ。第一の「能」の問題は、いわゆる差別反対、つまり能力による待遇制反対の声となって現われていよう。「功なくして富貴」とは一律賃金引上げという要求が代表しよう。「朋党の私を用うる」とは、一見まことに公正で誰も反対できぬ組織を作り、抽象的大義名分をかかげながら実はそれをつかって私利の増大をはかるという傾向に現われている。総じて現在はすべてがマスコミ的に表現され行動される世界だから、何でもが大衆運動のように見える。逆にいうと大衆運動として報道される事象は、実は私たち周辺の比較的小さいスケールの人間関係の圏内の中で常におこっていることを、そのまま反映していると考えてよろしい。公害摘発が、実は無能な研究者の一番手軽で確実な研究業績作りの手段で、自分の地位保全に役立ったというようなことも案外多いのである。

管理者の覚悟として重要なのは、このような臣主の矛盾を直視し、安易なヒューマニズムだとか、連帯だとかに逃げないという決心である。これは良心を持つなとか、不真面目であれという意味ではない。かくす、ごまかす、居直るなどのすすめでないことはいうまでもない。良心を持つとは自分の心の中にも、そういうものがあることを直視し、いいかげんな迎合者や道徳屋や偽善者にならないということでなければならぬ。一般的な、テレビの団地ママ向け番組の立脚点からすれば、冷酷無残か、あるいはふらち極まる人間であってこそ、はじめて意志決定が可能になるのだ。愛情に満ちた意志決定などありはしない。それは結局流されただけである。もちろん流されて結果的には成功することもある。大英帝国の絶頂期を築いたヴィクトリア女王はそういう点での成功者だったといわれる。宣戦をはじめ何も決断できない。その間に事態が変って決定しなかった方がよかったということになる。そんなことの連続だったというわけだ。だがこれなら長であって長でないことになる。

そこでこの意志決定者の心得だが、第一に、いかなる人間も信じてはいけない。能力、長所を評価することは必要だが、全幅の信頼、つまり盲信してはいけないのだ。息子をも信じてはならない。息子が危険だというより、臣下がその信頼を利用するからである。韓非は他の場所で趙の恵文王（戦国時代）の例を挙げている。李兌《りだ》という男は恵文王の父、武霊《ぶれい》王が息子を盲信していることを知り、たくみに恵文王にとり入り武霊王を餓死させた。妻や妾を盲信してはならないことはもちろんである。

第二に仁を説くものを容れてはならない。仁それ自体は悪いことではない。しかし競争者がないという稀な例外の場合をのぞき、そういう人間が内部に存するときは、自分をごまかすとともに、正に競争者に褌《みつ》を与えるようなものである。自壊の準備を自分でやる必要はない。仁者の意見が外に対する宣伝用であり、内部の意志決定に影響することはないという見事な組織があれば別ではあるが。

第三に決定権は完全に自分に集中せよ。これは人の意見を容れないということとはちがう。自分の意志決定を他人にまかすぐらいなら長の立場に立つべきではない。

要するに臣主の利害が反するとは、君主とか長というものは、完全な孤独だということを意味する。孤独に平気でいられる人間か、さらには孤独を生甲斐とする人間でないかぎり、長を欲してはならない。そんな人間でも飾りものの長ならこなせる。現在は長という地位がやたらとふえているし、組織は長の任でない人間でも長であることを保証できるようになっているからだ。その結果、大部分の長は値しない人で占められている。そういう人は孤独でなくともすむ代り、みんなから、その内心で、さげすまれ馬鹿にされることに甘んじなければならぬ。その地位にあるかぎり、本気で接触してくれる人間が存在することはあり得ない。そんな人々は本当の孤独とはちがった孤独の中に住むことになる。いつも着物だけは絶対にほめてもらえる醜女の孤独みたいなものだ。それも嫌だというのなら、およそ長を望むのとは絶対矛盾の要求を持つことになろう。犬ならどんな人でも主人と思ってくれる。そういう人とだけ接触するか、あるいはバーでこのごろの若い者はと泣言をいうか、上の奴は目がないといばって見せるかしか、どうにも仕方がない人間だといえよう。

近代社会における人間の教育とは、個人に独立能力を与えること、つまり孤独に耐える人間を作ることに存する。知識や技術を附与するのはそのためである。しかし、私たち日本人に完全に欠如しているのは、教育とは子供を、家庭をはじめ被保護者を収容する共同体圏から追放する準備を加えていくことだという認識である。つまり日本人のいう孤独に耐える人間とすべく、しだいにそういうものからつき放して行くという訓練だという認識である。

だから私たちは孤独になれない。幼児性がいつまでも強く残り、「母」の乳房を求めつづけ、いい齢になってもそれが与えられないと、国、政治、会社、学校に対し、だだをこねる。淋しがって泣く。

しかし、この幼児が長になりたがるのだ。孤独人であるからこそ、人間関係が生まれる。幼児には人間関係は存在しない。あるのは人情関係だけである。幼児には意志決定ができない。私たちはどうも意志決定論を論ずる前に、まず自分が幼児であるかどうか、何人をも信じないですみ得る孤独人であるかどうかを反省する方を先決問題とする人間のようである。

25

人間はきわめて単純なもので、目先の必要性に、はなはだ動かされやすい。だからだまそうと思う者にとって、だまされるような人間は自由自在に見つかるものである。

マキァヴェリ

これは、あの有名な、「君主たるものは、ライオンの威厳と力と狐の狡智を身につけねばならない」という主張をした文章中の一句である。だから、この「だまそうと思う者」というのは、君主だとか商人だとか、ともかく狐の狡智を持った人間のことである。そういう人間にとっては、だまされたがっている人間が無数に存在する。だまされたくて仕様がない人間をだまして、一体どこが悪いのか。詐欺師だとか女蕩しが検挙されたとき、かれらがそういう言葉を出して「居直る」という例がよくある。新聞というのは、いわゆる高級紙にしたところで小学生程度の道徳観で武装した、いわゆる団地ママ、投書夫人的心情を以て販売政策としている。そういう目から見たら、そういういい方は居直りとしか思えないにちがいない。けれど、案外それはまっとうな感覚ではないのだろうか。

私たちの周辺に押しよせて来る情報、とくに戦後のそれは新聞、週刊誌からテレビ、ラジオまで殆んどみな、だまされる人間は即ち善で、だます人間は悪という前提の上に成立っている。相当な知識人までもがこんな前提をつけて疑わないのは日本人だけだ。だます方が途方もない悪人だったときは別として、被害者が間抜けだったり、当然の防衛処置を怠っていたときは、どこの国だってその責任を問われるのがふつうである。自動車の鍵をかけ忘れ、駐車中に車内のものを盗まれたといって届け出ても相手にしてくれる警察は有難くも日本だけである。しかも、その金額が大きければ大きいほど同情もしてくれ騒いでもくれるが、ヨーロッパだったらそんな大金なのにどうしてと逆に呆れた顔になって行く。そんなことをするのはふつうの人間を泥棒にしてしまう仕業だ。忙しいのに自分の不始末で警察はもちろん、一般人にまで「迷惑」をかける奴があるかと叱られるのがおちである。

こうなったことは、日本人の判官びいきという特性の上に、戦後はアメリカのピューリタニズムが加わったからであろう。女性、とりわけ主婦という社会に直接責任を持たぬ女たちの感傷主義がそれに拍車をかけたことはすでに触れた通りだ。

だが注意しなければならぬ。判官びいきというのは正義感が強いということでは決してない。劣等意識、あるいは正義漢なるが故に俺は損をしている、だから損をしている奴に同情せざるを得ないのだといった、いじましい自己正当化の感覚が強くまじっているのである。それに善人主義をとる今日のアメリカのピューリタニズムは全くの偽善と化している。だからそんなものは、利用する必要はあるが、道義的に心を悩ますべきことでも何でもない。

日本のこのような判官びいきは全く表面的、言葉の問題だけにすぎない。いざとなればすべての連中が強い方に雪崩をうってかたむくことはこれまでの歴史が証明するところだ。意地をつらぬき通した人間が、恥かしいぐらいにすくない民族なのである。

だまされる人間、だまされたがっている人間が充満していることは、日本だってどこだって全く同じだ。ただ日本社会はそれをあまりはっきり指摘すると、いろいろ文句がつけられるということを特徴とするだけのことである。それだけ女々しい社会なのだといえよう。しかし、本当に意志決定を下すときは、だまされる奴でこの社会が充満していることをはっきりとした前提にしなければならない。実例をあげればこうだ。

ミラノの城主フランチェスコ・スフォルツァー（一四〇一―六六）は名君として有名である。だが、その出身は一傭兵隊長にすぎない。あらゆる権謀術策をもって、うまうまと傭主であるミラノのヴィスコンティ家をのっとった男だ。およそ信心気などなかったのだが、ミラノの大聖堂を大金を投じて完成整備させたり、宗教者からは偉大なる信仰者として尊敬された。しかし、かれの立場は極めて簡単である。「わしは信仰心など持たぬ。しかし民衆はわしが篤信の人であることを望んでいる。信者になろう」。そして奇妙にも、かれはこんな自分自身を本当の信者で偽信者だとは思っていなかったらしいのである。

だまそうと思っている人間の周辺には、つまり権力者や管理者のまわりには、それに便乗してだまされる人間をだまそうと思う人々が集って来る。ルネサンスでは人文主義者、つまりヒューマニストといわれる学者文人がそれである。かれらの大部分は信仰なんか持っていなかった。死ぬ前だけ、地獄がこわくなって信仰に入る連中は多少いたにせよである。かれらは坊主どもの堕落ぶりを知りぬいていてそれらを軽蔑し、憎んでいた。にも拘わらずこの人文主義者たちは、君主に信心深くふるまうことを求めたのである。そうすれば民衆はついて来る。自分の地位も安全だ。それに君主がお寺とかいろいろの土木建築をやり祝祭をやってくれると、それに応じ自分たちもいろいろの収入を得ることができるからだ。芸術家も同じことだった。だからルネサンス時代というのは、信仰心がもっともうすれ、ギリシアやローマの神々が復活した大変現世主義の時代だけれど、不思議なことには各種の教会や聖書を主題にした絵画や彫刻があふれるほど作られた宗教芸術の最後の極盛期でもある。

政治とか、経営とか、管理というものはだまされる存在を前提としてはじめて成立するものであろう。意志決定はだから、だます立場に立って行なうべきで、だまされる立場からやれるはずがない。

ただその際、だますということを口にしては駄目である。ルネサンスの君主もそんなことはいっていない。スフォルツァーがいったということは当時の伝説である。日本の君主は正直すぎる。戦国の名君だった朝倉敏景は、その家法に、「神社や寺に寄進するのは無駄なこと。ただその前を通るとき馬でもとめて、その荒廃をなげき悲しむ言葉を坊主や神主たちにかけてやるだけで充分だ」とぶちまけてしまった。これでは坊主がついて来ない。朝倉家は、だから永保ちしなかった。ルネサンス人はもっと狡智で、人文主義者もそんなことは一言ももらさなかった。ただその行動によって信心気など毛頭なかったことが明らかにされるだけである。

あくまで、正義を旨とするような顔をつらぬく。地獄のえんま様の前でもそれで押し通す。実は完全にだます側に立っているというのが、マキァヴェリのえがく理想の君主像なのだ。もっともマキァヴェリには、おれはそれを見抜ける世界唯一人の人間だという自負はあったらしいけれど。

26

謙譲の美徳によって尊大をうちくだけると考えることは大抵失敗に終る。

マキァヴェリ

マキァヴェリの言葉はまだつづく。ひかえ目な態度というのは何の益もないばかりでなく、むしろ有害だというのが多くの場合である。とりわけ嫉妬やその他の理由でこちらに憎悪感をいだいている横柄な人物に対して、こちらから下手に出た場合などはなおさらであると。

私たち日本人は世界の民族の中でも、ちょっと例がない特殊な精神構造を持っている。その一つに、こちらがへりくだり誠心誠意で行けばかならず相手もそれに応じるはずだという信仰があることが挙げられよう。それはそれでよいとする。ただ大変工合の悪いのは次の二点である。第一には本当に誠心誠意とか、一片の私心もない真心など人間が持てるものだろうかという反省は一向持たないということだ。昔の人々にはあった。戦後の進歩主義者にはそれがなくなった。女性には、そもそもそういう反省がない。そんな反省があったら子供を育てて行けないからである。

第二点は、こちらが誠心誠意で行くとき相手がそれに応じてくれないと、やたらと腹をたて相手を悪ときめつけることだ。これもはなはだ女性的な感情であろう。どんな場合でも、どのようにこちらに応えるかは相手側の勝手である。それに相手は誠心誠意など欲していないのかも知れない。例えばこちらが女性のとき相手の男性は肉体だけを望んでいるのかも知れない。親戚関係だけが問題なのかも知れぬ。国家間交渉のとき相手が望んでいるのは、金銭的、物質的な賠償か援助だけかも知れない。それだのにこちらが真心だとか反省だけを与えようとしたら迷惑至極で、おこってしまうのにきまっている。日本人は甘えを基本とした精神構造を持つといわれる。それはその通りだ。つまり、相手は自分に対し好意を持つはずと頭からきめてかかって、交渉したり何かをたのんだりするのである。好意を持っていないとわかると相手を人非人よばわりする。進歩派のいい分はすべてそれだ。つまり自分の容姿や才能に劣等意識を持っていたり、その人とつき合う人間がどうも好感を持ちにくい、そういう人々が日本ではいわゆる進歩派になる傾向が強い。それは決して当人の責任でもなく、好意を持たない方が悪いのだけれど、人間というものはそういうものだ。いかに精神が立派でも醜悪で身体もさっぱり魅力がない女性を、喜んで女房にする男は残念ながらめったに存在するものではない。

そういう客観的理由を否定し、社会悪のせいにする。ついでに、自分に責任がある自分の短所、怠ける、妬く、怨む、ひがむといった条件までをもどこかへ責任転嫁してしまう手段がいわゆる進歩的言論というものなのだ。そういう言論の理論自体はともかく、そういう理論を奉じる人々の心理というものはそのように解明されねばならない。もちろん万人に愛される人で生活能力もある進歩主義者という例外はある。だが、そういう例外的な人はその生涯の中で、必ず転向とか変節とかちょっと奇妙な分派行動に走るものだ。肉体的な劣等意識か、それとも肉体化したような性格的ひがみか、そういうものがない限り日本では「正統な」進歩主義者として持続して行くことは大変困難だからである。

こういうことで、日本人の誠心誠意主義とか、謙譲主義とかざんげ主義とかいった対外態度は劣等意識のごま化しだけの全くインチキなものなのだが、問題は、マキァヴェリが指摘するように、それがインチキでなくても大抵失敗に終るという点なのだ。

日本は今GNP自由世界第二位の生産力を誇り、まだ躍進をつづけている。ということは世界中の嫉妬感や反感憎悪につつまれているということになる。マキァヴェリが「とくに」と強調した場合にあてはまるわけだ。今後の日本外交が途方もない困難の中を歩むという見通しが立てられねばならぬ理由である。

ところで、いま考えようとしているのは外交ではなく個人の意志決定の場合の話である。日本人はみな自己卑下病にかかっている。やたらと横柄なのもいるが、それは逆に虚勢が表面に出て来たのにすぎない。両方とも、本質的には自信がないということから結果するのである。

そこで、この場合、卑下をしつづけていると実力がないと見られ軽蔑される。早く卑下を打ち切った方が上位に立ち対決に勝つ。いつ、どういう風にそれをやるかだ。それが意志決定のチャンスになると考えられよう。

しかし、私は、もうすこしちがう立場をとっている。私たちは卑下病（その裏返しの虚勢尊大病）にかかっている。最初からそれを持たぬ方がいつもどうも勝っているようだ。そのように観察しているのである。

悠然と、礼儀正しくは構える。だが、マキァヴェリのいうように、絶対に譲歩してはならない。妥協してはならない。鷹揚《おうよう》に相手のなすままになっていては絶対駄目である。そして相手のたくらみを見抜いたら、こちらの力は乏しくとも断乎として戦う決心をし、その準備にかからねばならない。相手はそのときはじめてこちらを尊敬するのである。

戦う決心もなしに相手と重大な交渉をし、成功をおさめようと思ってはならない。無条件降伏を覚悟していて、相手から何か一つでも与えられたらこの上ない幸福だというのなら話は別だ。こちらの利益をある程度主張しなければならない。したがって相手にある程度損をさせねばならぬ、我慢もさせねばならぬといったとき、戦う準備なしに交渉するほど馬鹿な行動はない。

国家間の交渉の場合、戦いとは武力の行使から経済断交、外交決戦、いろいろある。戦後日本の政府側のアメリカ追随、野党側の対中国土下座外交は、ともに見られたものではなかった。ニクソン訪中発表後の経済界の右往左往ぶりは正に、「眼中に利しかない商人どもは、利のためには肛門をもなめることも意に介さぬ」（水野広徳『この一戦』）と軍人に批判されたことを思い出させる。別に軍人にかぎらず外国人は、正にこのような状況に「エコノミック・アニマル」という最大の蔑称を与えたのである。石油危機直後の対アラブ叩頭もそうだろう。私たちは外交も、いや民族のプライドも信義も何もない。そんなものよりトイレットペーパーの方が遥かに大切な国民のようである。

それはよいとして私たちの相互の対人交渉も、実はみんなこうなのではなかろうか。そして無意識のうちに、会社側は労組を、労組は会社側をという風に経営者、政治家、官僚、学者、マスコミ人は、相手側を、さらに仲間どうしで、お互いに傷つけ合い軽蔑し合っていることになっているのではなかろうか。

27

勝を見ること衆人の知るところに過ぎざるは、善の善なるものにあらず。戦い勝ちて天下善というも善の善なるものにあらず。よく戦うものは、勝ち易きに勝つものなり。

孫子

イタリア人を描いた戦後の名著として有名な、ルイジ・バルツィーニの『イタリア人』の中に面白い話がある。イタリア人にとってもっとも理解しにくいのは、北の方の国々の道徳的格言である。例えばイギリスの古い教訓に、「抵抗力のない人間を蹴ってはならぬ」というのがある。弱いものいじめはいけないということだ。さあ、これがイタリア人には解せない。強い奴を蹴ったりしたら仕返しされたり、大変ではないか。こちらに何の損害をうけることもなく蹴れる相手が出て来たのにどうして蹴ってはいけないのだ。面白いし、利益があるかも知れないし、得ばかりではないか。そういうのである。別にイタリア人に限らない。「弱きをたすけ、強きをくじく」ではなく、「強きをたすけ、弱きをくじく」のが人間の本音としては当り前の心情であり、世の中はみなそのようにして動いている。ただイギリス人や日本人やドイツ人は、理窟ぽく、道学者的趣味があるので、ともかく、それと反対のことを主張したがる。イタリア人にとって、そんな道徳趣味は無縁の世界だ。それだけのことで、だからイタリア人は人が悪く、イタリアの社会はひどい社会だという風に誤解されるのだけれど、それは間違いであろう。ただ人間の本性をすこしばかり率直に表現する連中の住んでいる国にすぎない。

イタリアがこうなったのは、ローマ以来の古い国だったことと、その地理的特質のため、絶えず外国から侵入され、十九世紀末まで統一国家にならず、日本の戦国時代みたいな混乱が千年ちかくも続いたということにあるのだろう。ここで生き抜くためには、ただ真面目に働いていたら何とかなるというような単純なことでは到底駄目である。強盗に備え、喧嘩に勝つためには腕ぷしも強く、武器の取扱いにも習熟していなければならぬ。法律に強く弁も立たねばならない。自分一人で、検察官、弁護士、警官、泥棒、職人、ともかくすべて一切を兼ね備えねばならぬ。そのようなきびしさが、今日の日本のように政治や社会に対する途方もなく甘い要求と正反対な生活態度を生んだものといえよう。そして今日の世界の現実は急速にそうなりつつあるのである。偉い立派な人々のいう希望的な観測とは正反対に。先進国でも、開発途上国でも、日本国内でも。

孫子のこの言葉も、やはり、はるかに峻厳な競争社会における臨戦の心構えをのべたものだ。もうすこし詳しく、かれの説明を聞くことにしよう。

多くの者にはっきりそれとわかるような勝ち方は、本当にすぐれた勝ち方ではない。勝った勝ったと世論が騒いでもち上げるような勝ち方も同じことだ。例えば毛を一本もち上げたといって誰も力持ちだとは思うまい。太陽や月が見えるからって良い目だと思う人はあるまい。雷鳴が聞えたって耳がよいと思うものはいまい。

しかしながら、本当にすぐれた勝ち方というのは、そのように誰でもが当然だと思う勝ち方をすることなのである。この〝決断の条件〟でも一度ふれたが、信長は桶狭間で勝ち、一挙に名声を博した。だがその後二度と奇襲戦法を使わなかった。あんな勝ち方は真の勝利でないと自覚したからだ。それが本当の名将というものである。

　本当の勝ち方は、勝ち得る条件を作っておき、極めて自然に勝つという勝ち方である。人はそんなとき誰もその智謀をほめず、その勇敢さをほめることはない。それがよいのだ。自分の方を不敗の地に置き、相手の寸毫の隙をも見のがさない。負けるはずがないのである。

　これが孫子の意見で、まことに大人の目といえよう。日本人のように小児体質、せいぜいのところいさみ肌のお兄さん程度の人間的成長度にしか達しない国民には、このような大人の勝ち方は歓迎されないかも知れぬ。だが、大衆に喝采され、マスコミでもてはやされた経営の神様は、その後どうも途中で見事に失敗してしまうようだ。そこには、以上のような理由があるといえよう。

　ところで意志決定だが、戦う、勝負に出るという意志決定はいつ行なわれるのだろうか。おそらく常識的には二度である。戦うときめて最初の準備を行ないはじめたときと、いざ決戦を開始するというときとの。第二の段階で万全の道ではないと判って戦いをやめるときもふくめて。

　常識では戦いをするという決意はむつかしくないが、やめるというのは難かしいということになっている。なるほど、例えばこちらがかなりのへまをやっても負けるはずがないというほどの見込はつかないけれど、多分勝てるだろうということでしかないときだって、その多分にひかれて決戦に出るのをやめるという決断は中々やりにくい。

しかし、真剣な準備は戦おうという決定がなされてはじめて可能なのだ。準備だけはしておいてというういい加減なことでは本当の準備ができるはずがないのである。

すくなくとも戦うのをやめようという決断は副次的決断である。なるほど日本のような下剋上的民主主義の世界では、それに押されてやった自分の裁可を変えることはむつかしいだろう。しかし会社などで下剋上があったとすれば、それは下意上達がうまくいっているのではなく、統率ができてない会社、つまり、もう敗れている会社なのである。第二段の意志決定は、決戦でも、陣地撤収でも、そうむつかしいことではない。やめるときは自分が不安にかられてのことだし、決戦には騎虎のいきおいということが多いからだ。

やはり本当の意志決定、決断は断じて戦うという決意を定めるときである。そしてその決断には、万全の準備を果し、必勝不敗の地位をきずくという決断が同時にふくまれていなければならない。そのことをこそ孫子が語っているのである。

ただ一つここに私の意見を入れておこう。自分もふくめて、その準備に精神力は勘定してはいけないことである。精神力の鼓舞には努力しなければならぬ。しかし、そういう計量的に比較できないものを勘定に入れることは、今度の戦いで日本が大敗したと同じ結果を招くことになるにちがいない。準備にはならないのである。

28

信頼するよき市民（議会）ならば、たとえ激昂して常軌を逸した民衆が事態を憂慮すべき方向へもって行こうとするのを目のあたりに見ても、決して、そのために審議を遅滞させるようなまねはしない。

マキァヴェリ

あるとき京大教養部の過激派学生がまた校舎を占領封鎖し、授業が全面ストップした。占領の目的は前期試験を阻止するためだそうである。その理由は前期期末試験の施行は我々を学校へしばりつけることによって、成田闘争をつぶそうとする一連の陰謀によるものだ。その陰謀を阻止するためだというのであった。

笑ってはいけない。学生の要求というのは、みんなこのたぐいで、大学解体をいうかと思うとその口からおれたちみんなに全部優をよこせと絶叫したりする。この伝で次年の大学入試も沖縄返還反対運動を破壊する陰謀だということになった。前期試験も入試も別に謀られた臨時の企画ではなく、毎年同じ日に行なわれる定期試験である。大学生に限らず今日の政治的騒ぎというものは、このような論理でない論理でうごくことが多い。裏には学生の試験恐怖症がある。それに火がついて、こういう論理で大騒ぎがおこるのだ。正常な論理では誰も騒ぐ気になれないのである。

ところで、かつての各大学の騒ぎだが、理窟はどのようにつくにしろ大体みんなこれと似たりよったりの論理だった。だがおそろしいのは教授会の方の対応というのが、またマキァヴェリのこの論証を借りれば、この騒ぎに呼応して会議を混乱させ対応策から大学改革まで一切の審議を遅滞させるのが常例であった。つまり信頼するに足りぬあしき教授の会ということになる。

ところで、なぜマキァヴェリのこのような指摘が決断の心得になるのであろうか。たしかに意志決定を行なうとき、自分だけが熟慮断行するということでは、今日のような情報化社会のもとでは無理無益である。最後に自分が断を下すのはもちろんとして、ブレーンの意見を聞く、一般の提案をつのる。広く一万人集会という大衆会議を開くといったある市長さんの場合から、先生や先輩や友人と相談する。本を読んで考えるという若者の場合から、すべて「審議」にかけることが必要だ。読書だって、こちらがアンケートを出して、それに応じてくれるという読み方をする訳だから、やはり一つの「対話」か「会議」になる。私はそのときの決断の方法をいっているのである。

こんな世論に迷って会議を遅滞させるような議員の意見は一切とりあげるな。結論を出し得ないような会議なら開くな。そんな議会は解消してしまえ。それが大切な条件なのである。なるほど自分が考えるため、いろいろな情報を提供してくれる人や組織は必要かも知れぬ。それはしかし、次元の低い相談役である。現在は情報化社会だというけれど、それは無駄、情報過剰時代ということでもある。どんな情報でも、そこには必ず伝達者の主観、取捨選択が入っている。そのようなフィルターなしに入ってくる情報は存在しない。世論調査というものだってその通りで、ときには調査企画者ないしは組織の恣意をこういう客観性の装いをこらすことで押しつけようとする場合もある。単純極まる判断の調査、例えば牛乳を呑みますかということなら、かなりの正確度を得られるが、タバコとならば未成年者と女子がいるだけでもうあてにはならない。

つまり私たちは単に情報をうけるだけではない。直接体験以外の――自分の弥次馬的観察はあてにならぬ――すこしでも間接的な情報は、みんな一つの判断をもった情報である。私たちは主観を通過した情報の洪水の中で、絶えずそれを判断し、選択しつつ生きて行くことを強いられているのだ。

人間の価値は、情報判断能力にある。すこしでも指導的立場にある人は、その判断を公にし、それを主張し、実行して行く責任を持つ。情報はいろいろ持っているが、判断はできないというような人間は、指導的立場にある資格はない。決定できぬ会議は無意味である。そんなものの意見にしたがうことは、自ら自分の資格を拋棄《ほうき》することである。

逆にいえばこうだ。このような情報過剰時代には、その情報が正しいかどうかは、その情報をもたらしたものが、はっきりしたその情報に対する態度、判断を持っているか否かにかかわるということである。

この判断とは、しかし、予見、先入観によるえり好みであってはならない。イデオロギーと信仰が先立つ人の意見は決してとり入れてはならぬ。流れから宙に浮いた老人の判断、利益目的の御注進といった種類の情報も駄目。判断とは、判断者が責任を持つ判断のことである。この点をとりちがえてはならない。

今日でもまだ忍者ブームとかで、子供の漫画や小説にはしきりに忍者が出て来る。その忍者の姿はすばらしい技能を持ちつつ、「偉い人」の恣意のままに使われ、その権力のため犠牲になる崇高な人物だ。「進歩的」な漫画ほどそうだ。

何とも奇妙な話である。本当の能力者というものがそれほど卑屈になれるものか。かれらが「いぬ」であるのは当然だろう。判断の提供者ではないからだ。忍者のもたらすものは噂だとか、情報の一断片にすぎぬ。総合判定者がそこに必要となる。だからこそ重んじられなかったのである。信長だろうが、秀吉だろうが、軍事会議は部将の判断を聞いているので、その判断の基礎情報の一部だけがしのび連中からもたらされたものなのである。しかも、かれらの情報は主人公一人だけが知っているのでなく、会議の席上で公開されているのがふつうである。その程度のものだったのだ。

マキァヴェリは、さらにいっている。大切なことは、どう実行するかを腹に据え決定することで、言葉のつじつまを合わすことではない。実行が決定し、行なわれたなら、言葉などいくらでも作られると。その言葉を作るものとして官僚があったのだ。飾りが欲しければ、取りまきの詩人、美術家、学者を作ればよろしいということになる。

今日の混乱は、言葉はあるが、実行と責任のない世界が生み出したものであろう。このような世界は大変すみにくいように見えて実は案外楽な世渡りができる社会なのである。事由は簡単だ。腹をくくり、本当に責任を負う決心さえすればよいのである。そういう道を行く人は僅かしかいないのだから、誰も知らないバイパスのようなもので、言葉とかアイディアとか何とかで混み合った本道のイライラをよそにスイスイ通って行ける。

意志決定について何よりも大切なのは、情報にふりまわされ判断と決断のない会議から学ぶなということである。ついでに申し上げると、日本の学問は意志決定ができなくなるように人間を育てるということにある。上級学校ほどそうで、自分の好き嫌いもわからなくなるようになってしまった先生が大学教授には多いのである。自己解体とか何とか悲痛そうな声をあげているが解体すべき自己などなくなっている人も多い。そのような、小田原評定を地で行ったような判断留保だけの本をいくら読んでもマイナス効果しか生まないであろう。

29

（指導者たるものは、いつも）必要にせまられてやむを得ずとる行動でも、自分の意志で行なっているふりをしなければならない。

マキァヴェリ

この提言の例証としてマキァヴェリが挙げているのは共和制期のローマの元老院（セナトゥス）の決定である。元老院は軍務に服する人には国から給料を支払うという決定を下した。それまでは自費を投じ、つまり武器も自前で調達ということでやって来ていたのである。こんなしきたりのままでは長期戦に耐え得るはずがない。包囲戦に従事したり、遠征したりは到底無理となる。拡大しつつあるローマとしては、しかし国費負担制をやらざるを得ない。元老院はそういう絶対必要性に迫られてこんな決定をせざるを得なかったのだけれど、そんなことはおくびにも出さず、自らの創意によってこの政策をうち出したという態度を見せたのである。

平民側は大喜び、ローマ中が歓声につつまれた。野党派の中では、そんなことをすると平民の税金が重くなる、平民はこの提案を拒否すべきだとアジった。しかし、民衆はこの提案に賛成した。元老院側は税金がどんな憤懣を国民に与えるかを知って居り、たくみに貴族側が重負担をうけるような新税法を提出した。野党派はまるで元老院の立派さを証明するために反対したようなものだ。こうしてかれらは全くの窮地に立ってしまったというのである。

この教訓はすこしむつかしい。論理的にではなく、「必要にせまられている現実」の解釈に関してである。まず、必要に迫られてということだが、元老院のこの場合そう緊迫性があったとは思えない。攻撃されてあわてて反撃するというのは選択の余地のない必要上の行動だが、マキァヴェリのいっているのはもっと大局的な緊迫性である。大抵の人間は、そのような緊迫性に気がつかないか、気がついても優柔不断のため何もできない。やれる人間は相当なものである。だからこそ、それほどの人間でも自然と自分の創意工夫でやったように思いこむのだともいえよう。そこでマキァヴェリが警告してくれなくても、必要にせまられるなら誰でも当然そういうことをするという反論もできるかも知れない。

しかし、ここが大切なところである。それは私がマキァヴェリや中国古典に托して、ずっと説いて来た基本線の問題にかかわって来る。つまり、無自覚的にそう思い、そういう態度をとり、そういう行動に出るのか、自覚してやるかどうかということだ。必然性をいち早く見てとる能力、決断によってその必然性に対処する能力があるということ。この能力も大したものではあるがそれだけでは充分とはいえない。いや画竜点睛を欠くものだといえよう。自分自身の能力をはっきり計量的に自覚し、そういう醒めた心で、醒めていることを他人に悟られぬようにやってのける必要がある。その能力こそが大切だという点である。

マキァヴェリは実はここまで見通していなかったのかも知れぬ。かれはむしろ単純な露悪家、偽悪家ぶった人間だという人もある。そんな底の浅い人間ではないことは確かだが、イタリアという国の本質を知らない人にはそう思われても仕方のない面もある。それにやや人間性の洞察に甘いところが時に出て来るという欠点もあるようだ。とりわけ古代ローマ崇拝がルネサンス人の常として大いに作用している。そこでの実例が過大評価され、それが人間省察の不足となってはねかえっている。現代ほど歴史事実が豊かに伝えられていたらもっと鋭い見方になったろう。だからマキァヴェリや、それに中国古典でも、それから学んで現代を考えるためには、そのまま直線的に学びとるのではなく、もう一段と突っこんで反省して見る必要があるのである。

「建武の中興」は北条氏の、とくに高時の相つぐ失政から生まれた。天皇に政権が帰ったことは後醍醐天皇などの能力にもよるが、北条氏の滅亡ということはまあ必然だったといってよい。ところがそのはじめ天皇の挙兵を聞いていち早く呼応して備後を平げ、京へ出ようとした桜山四郎入道などは当初大した勢だったのが、正成の赤坂城が陥落するなど形勢非となって窮地に陥って一族とともに自決してしまう。これなど必然は必然だったが対応の仕方が早すぎたといえよう。正しい対応でも、そこに醒めた精神が働いていないと大失敗するという例証である。その点足利尊氏などは見事なものだった。こんな例は無数に存在するのである。

もう一ついわねばならないことは、必然だろうが、相当な決断だろうが、ともかく意志表現と行動に出たときは、その時点において相当度のアフター・サーヴィスをやる覚悟が必要だという点だ。実をいうと、その覚悟があるからこそ、全くの必然に押し出された行為でも、自分の意志で行なったような顔つきができるのである。元老院が、貴族の方が平民よりもうんと重い税を——といっても収入が大だから自分側の本当の負担は大したことでなく、総体的には数の多い平民の方がたくさん税金を払うことになるのだが——ひきうけるという覚悟をして軍人の給与支給の決断をしたというのはそこである。

物質的にであれ、精神的重荷であれ、労働であれ、かなり先の時点まで自分が負担を負いつづけるという覚悟なしに一切の決断をしてはならない。そうでない決断など決断にならない。「万一の場合は俺が責任を負う」などということでいかにも自分の決断のようにいう人があるが、万一のときなどというようでは決断ではない。自分で自分のその決定を決断だと思っては必ず失敗する。必然にうごかされたことを決断だと思いこむのと同じように。必ずこれこれの負担はかかって来るが、それは俺がひきうける、それも長期にわたってという条件を担ってではないと本当の決断にならない。それに、その覚悟なしに自分の意志で決断したように見せかけようたって、それは不可能である。やがてみんなが見破ってしまうからだ。桜山入道の失敗は正にそういうところから来たといえよう。楠木正成はその点赤坂城が陥落しても見事にのがれ、今度は千早城で大成功をおさめるのである。元老院の決定も同じことだ。自分の能力を知る醒めた目があり、相当のアフター・サーヴィスをやる見通しと決意が充分あったため成功したのだといえる。

決断したふりをする。それは絶対に必要なことだが、ふりを押し通すには実質がいる。その実質とは、誠実だとか、意志力とかいった道徳ではない。醒めた目で自分を計量する能力だ。そういうことを知るのが子供でも青年でもない大人の智慧というものなのである。

30

将に五危あり。必死は殺さるべきなり。必生は虜にさるべきなり。忿速《ふんそく》は侮らるべきなり。廉潔は辱かしめらるべきなり。愛民は煩わさるべきなり。軍をくつがえし将を殺すは必ず五危をもってす。　孫子

『孫子』は経営者たらんと夢を持つ人だったらもうとっくに読んで居られよう。だからここへ出すのはすこし変なものだが、意志決定の際の条件として中々参考になる。あえて挙げて見た。

第一には必死になりすぎるなということ。これはいたるところで私たちが接する教えである。弓のつるは平生ははずしておかぬと駄目だとか、有名なのは宮本武蔵が一乗寺下り松の血闘の直前、吉野太夫に会ったとき、かの女が最も大切にしていた琵琶の胴を破って中身が空なのを見せ、「心をはりつめているばかりではだめ、琵琶は鳴りませぬ」と啓示した云々という話だとか。

第二のは生命だけは助かろうとばかり考えていると生命は助かるが捕虜になってしまう。第三は短気ですぐおこる人間は軽蔑され、人に利用されるだけだ。戦国では福島正則がその代表として有名である。

ここまでは誰でも反対しない。いわば中学校の生徒程度の社会観、道徳観、人間観で充分理解できる意見である。しかし、それだけのことだったら人間洞察にはならない。大人の智慧が必要なのだが、この小中学生の頭脳のまま停滞してしまう「正義の大衆」が王様となったのが近代社会というものである。この近代社会では、科学や論理など技術的な知識は大いに発達したが、本当の人間省察ということでは哲学でも何でもさっぱり駄目。結局はヨーロッパ近代以前、ヨーロッパ近代以外の世界の智慧に頼らねばならぬ。この第四と第五が、その智慧の例である。孫子が、はじめは誰でもが容易に理解でき、賛同する条件を挙げ、フンフンとうなずいているうちに、今度はさっと大人の意見を出す手際は何とも鮮やかなもので私などは、かれの智慧そのものより、その智慧の出し方のうまさに嘆賞することが多いのである。

廉潔がどうしていけないのか。団地夫人などは、それが売物の政治家にはすぐ参ってしまう。部下だってそういう将を慕うはずだし敵も買収を諦めるではないか。しかし、こういう疑問は戦う相手を安物だとしての話である。参議院全国区の有権者相手ならそれで成功しよう。だが相手が上手だったらどうする。潔癖症の人間は名誉に弱い。これを傷つけられると逆上し、思慮分別、冷静な利害得失の計算を忘れ、みすみす敵の術中に陥ってしまう。相手が海千山千の曲者だったら勝負にならないのだ。女子供（さらにそのような男）相手の選挙やマスコミ戦術やPR作戦と、経営戦略とは質がちがう。PR作戦にしても、競争相手とのPR戦争となれば話は複雑になる。意志決定は容易ならぬ大物を相手とする覚悟が常に必要となろう。そのときこの教訓は生きて来るはずだ。廉潔の人間は常に非命に倒れる。キリストから孔子から、ソクラテスから、下っては加藤清正、西郷隆盛に至る有名人を考えられたい。もちろん、こういう人は運よく名を残せた。名を残すのは個人としては結構かも知れないが、管理職、経営者が会社をつぶし、仕事をつぶし、名だけを残しても何にもなるまい。いわんや名も残せぬ廉潔失敗者に至ってはそれこそ無限に存在するのだから。もっとも、この廉潔とは真の意味における廉潔者ではない。学生や先生やママさんと同じく、自分だけでそう思っている人間のことである。本物の廉潔者だったら、将などにはならない。つきつめていえば、この地上の人間世界の中では生きて行けないはずである。

第五の愛民もむつかしい問題である。それを自分自身の絶対の掟とした西郷南洲は正にそのために乱をおこし、数千人を殺して自刃しなければならなかった。なぜか。

将にとって民は可愛いものであろう。しかし、それは度し難いほど愚劣な存在でもある。愚劣だけではない、その欲望にはきりがない。気位もつけ上ってきりがない。そのことに思いをいたすなら、愛民とは民のつけ上りへの迎合ということの代名詞でもあり、将を亡ぼす要因となることが理解できよう。

ところで、私が、この孫子の言葉を管理職、経営者の意志決定の条件に持って来たのには、多少の感慨を以てである。官庁にとっては見事な組織を作り、それを運営して行くことが至上命令だろう。企業にとっては売上げ高、入場者、来客、視聴率、そういうものが第一義であり、唯一絶対な存在であることは判る。ところで、その企業内の人間の感情はどうだろう。若いうちはそういう利潤絶対主義に反抗的になることもあろう。しかし、管理職となれば、いつか、その批判の心はなくなって、仕事、会社第一主義になるものである。私は、決してそれを堕落だとは思わない。そういう立場に立つのが当然だと考える。愛民を駄目だと知った立場だと思う。

しかし、企業の利潤増大、会社の発展、それのみを目指して意志決定をするとき、私はこの愛民、つまり大衆のつけ上りや無知をあおったり、それに迎合したりする、つらさだけを意識してほしいと思うのだ。つまり最大利潤を求めること、それが公害の排除など当然のことをした上でも何とも不条理な、反社会的行動だということを知りながら、あえてそれを選ぶ決意をしてほしいということなのである。さらに言えば、人間を組織化することは人を地獄に陥れるものであり、教育は人間を不幸にすることでもあるのだ。そういう意志決定、つまり苦い米を食べねばならぬという意志決定を行なうことによって、若者の無責任な自分だけが正義漢であったらそれでよいとする幼児性、女性性を脱却することができるのだ。さらに、未来の経営者として、ちょっと嫌な言葉だが、真の国士の立場に立てる可能性を作り出して行けることになるのである。現在の経営者には、残念ながら、企業利益をこえた立場に立てる人があまりにも少なすぎる。今まではそれでよかった。しかし、今後は世界一、二を争う大国の責任者としての責任は、それだけでは果し得ない。未来の日本の運命は、人類と運命を共にするはずだ。そういう運命を担うべき、今日の中間管理職、中間的指導者の責任は、あるべき最高責任者の卵として、常に意志決定の際に、この苦い米を食べていただきたいのである。

# おわりに

日本人は甘えの世界に住んでいるといわれる。たしかにその通りで、序論でのべたように、日本人にとって意志決定とか決断という言葉ほど、その民族的性格に無縁な言葉はない。私たちは浮世の潮流にただ流され、その中でせわしげに、これもあれもと右往左往しつつ求め歩いている世界に生きているようである。

しかし、そのような「なれ合い」で事が済んで行くのは日本のような同質社会内部だけに限られよう。ここまで発達した日本はあらゆる側面で、異質な海外社会と密接な関係を持って生きて行かねばならない。そこで生き残って行くためには、私たちにもっとも不得意なこれかあれかの選択も、イエスかノーかのはっきりした意志表示も必要になってくる。泣声を大きく、そして念入りに駄々をこねてさえ居れば世論とやらがわき、政府が腰をあげないにせよ、誰かが何とかしてくれる日本とはちがうのである。

それに、日本の内部でも、指導者が御輿にかつがれて何とはなしに進んで行ける時代ではなくなった。上や下方への責任転嫁で事が済んで行ける時代ではなくなった。社会や組織が大きくなり整備されるに至ったからである。企業でも官庁でも、長になる人間には、はっきりした責任が要求される。もはや模倣するにも先蹤者がいなくなった先進国となった以上、隣百姓主義は成立しない。自ら思考し、決断することを必要とする人々がふえて来た。

しかし、今日の日本は、まだこの意志決定の世界とは全く無縁な精神状況の中にある。いや、日本は意志決定即ち悪とされるような特殊な社会なのであり、しかも国民の大部分はそのことに殆んど気がついていないのである。多少とも西洋史をやった私は、切にそのことを痛感する。それを思い、あえてヨーロッパでさえ一部の人々から悪魔の書とされるマキァヴェリを中心に、意志決定の条件を書いて見た理由である。本書を読んで意志決定を要求されるであろう人々がすこしでも何か得るところがあったと感じていただければ、私の意志は通じたわけである。

終りになるが、本書発行にいろいろお世話いただいた新潮社の方々、とくに担当になって下さった鍋谷契子さんに厚くお礼申し上げたい。

昭和五十年四月

会田雄次

新潮選書

※本書は、1975年６月に刊行された新潮選書『決断の条件』と同内容です。
※本作品中には、今日の観点からみると差別的表現ととられかねない箇所が散見しますが、作品が書かれた時代的背景、また著者がすでに故人であるという事情に鑑み、原文どおりとしました。（新潮選書編集部）

# 決《けつ》断《だん》の条《じょう》件《けん》


著　者………………会《あい》田《だ》雄《ゆう》次《じ》

発　行………………2013年５月25日
３　刷………………2017年12月５日

発行者………………佐藤隆信
発行所………………株式会社新潮社
〒162-8711 東京都新宿区矢来町71
電話　編集部 03-3266-5411
読者係 03-3266-5111
http://www.shinchosha.co.jp
印刷所………………錦明印刷株式会社
製本所………………株式会社大進堂

乱丁・落丁本は、ご面倒ですが小社読者係宛お送り下さい。送料小社負担にてお取替えいたします。
価格はカバーに表示してあります。



ISBN978-4-10-603730-6 C0312